Jörg Zink

Jesus

W0063700

HERDER spektrum

Band 5065

Das Buch

„Wer mir nah ist, ist dem Feuer nah!": Die Ausstrahlung Jesu, seine Persönlichkeit, der Kern seiner Erfahrung, der Impetus seiner Botschaft haben die Herzen vieler verwandelt. Bis heute ist Jesus fassbar und wirksam – noch als Glut unter der Asche einer weltweiten Bewegung: Die Frage nach seinem Leben, nach seinem Sterben und nach seinem Weiterleben hat – von Anfang an und aus den unterschiedlichsten Blickwinkeln – Deutungen erhalten, die bis in unsere Tage das Leben vieler Menschen in einer Tiefe und Verbindlichkeit bestimmen, wie dies bei kaum einem anderen spirituellen Meister der Religionsgeschichte der Fall ist. Jörg Zink hat sich selbst sein Leben lang mit dieser Figur beschäftigt, und er ist überzeugt: Hinter den Deutungen, die in der Zeit entstanden, als die urchristliche Mission sich noch im innerjüdischen Raum bewegte und hinter den zahlreichen Jesusbildern, die danach im nichtjüdischen Raum entstanden, stoßen wir immer wieder und auch heute noch auf die Spuren dieses großen Meisters: Wofür wollte er kämpfen? Was bedeuten seine Taten? Woher nimmt er die Maßstäbe? Was bedeutet das Schlüsselwort vom „Reich Gottes" – Innerlichkeit oder soziale Veränderung? Welche Wege der Hoffnung hat er gewiesen? Welche Weisheit hat er parat für unser praktisches Tun? Wie deuten die Evangelien in ihm das kosmische Geheimnis? Wie ist der „Funken aus dem Feuer" (Eph. 5, 8) zu schlagen – für unser Dasein hier und heute? Jesu Leben wird als Botschaft erschlossen. Und seine Botschaft so aufgeschlossen, daß sie unser Leben heute berührt. Ein faszinierend geschriebenes Buch, das die Mitte hält zwischen historischer Information und meditativem Eindringen. Mit einem Nachtrag, der einen Überblick über die wichtigste Jesus-Literatur gibt.

Der Autor

Jörg Zink, Dr. theol., geb. 1922, Bibelübersetzer, Autor zahlreicher spiritueller und theologischer Bücher, Fotograf, Filmemacher und Sprecher in Fernsehen und Rundfunk. Bei Herder Spektrum: Die sieben Zeichen (Band 4407); Vor uns der Tag (Band 4860); Zwölf Nächte (Band 5076); Binde deinen Karren an einen Stern (Band 4816).

Jörg Zink

Jesus

Meister der Spiritualität

Herder

Freiburg · Basel · Wien

Gedruckt auf umweltfreundlichem,
chlorfrei gebleichtem Papier

Originalausgabe

Alle Rechte vorbehalten – Printed in Germany
© Verlag Herder, Freiburg im Breisgau 2001
Satz: DTP-Studio Helmut Quilitz, Denzlingen
Druck und Bindung: fgb · freiburger graphische betriebe 2001
Umschlaggestaltung und Konzeption:
R·M·E München / Roland Eschlbeck, Liana Tuchel
Umschlagmotiv: Die Heilung des Blinden (Ausschnitt)
von Duccio da Buoninsegna
ISBN: 3-451-05065-X

Göttliches Feuer auch treibet, bei Tag und bei Nacht,
aufzubrechen. So komm, dass wir das Offene schauen!

Friedrich Hölderlin
in der Hymne „Brot und Wein"

Inhalt

I

„WER MIR NAH IST, IST DEM FEUER NAH!"

Von Jesus ist zu reden. Von dem schlichten Wanderprediger aus einem kaum bekannten Dorf in Galiläa. Von dem großen Weisheitslehrer. Dem Sozialrevolutionär. Dem geliebten Meister und dem gehassten Erneuerer. Von dem menschennahen Arzt von Leib und Seele und dem Erzähler einprägsamer Geschichten. Von dem Träumer, von dem viele meinten, er scheitere an der Wirklichkeit. Von dem großen Leidenden, der die Schmerzen und Ängste der Menschheit auf seine schmalen Schultern nahm. Von der Lichterscheinung in den Ostertagen des Jahres 30 und von dem inneren Christus, der dem Geist Gottes in den Menschen und in der Geschichte Raum schuf. Und von seiner Wirkungsgeschichte: einer Weltreligion, vor der wir staunend und nachdenklich prüfend zugleich stehen.

Als er zum ersten Mal in der Öffentlichkeit erschien, sprach einer, der ihn sah, von „Feuer". Johannes, der Prophet, der am Jordan stand und die Menschen taufte, deutete auf ihn hin, als er ausrief: „Ich taufe mit Wasser, er aber wird euch mit heiligem Geist und mit Feuer taufen!" (Lukas 3,16), und dieses Bild vom „Feuer" zog sich durch seine Lebensgeschichte und seine Wirkung wie ein roter Faden. „Ich bin gekommen, ein Feuer auf die Erde zu werfen, und was könnte ich heißer wünschen als den Brand!" (Lukas 12,49), rief er aus. Ein von ihm im Thomasevangelium überliefertes Wort lautet: „Wer mir nah ist, ist dem Feuer nah!" (Spruch 82). Und als nach seinem Tode das Werk seiner Nachfolger gefordert war, kehrte das Zeichen des Feuers wieder:

„Sie sahen Feuer, wie zerrissen in einzelne Flammen, das fuhr über sie her; und der Geist erfüllte sie alle" (Apostelgeschichte 2, 3). Feuer brach aus und setzte die Menschen in Brand, und sie schmolzen zusammen zur gemeinsamen Begeisterung derer, die berufen waren, Feuer „auf die Erde zu werfen".

Feuer ist der Ursprung des Lichts. Ohne das Licht, das in unvorstellbaren Feuerstürmen aus unserer Sonne bricht, gibt es kein Leben auf dieser Erde. So spricht auch Jesus von sich als dem Licht und fordert uns auf: „Ihr seid Licht! So seid doch Licht!" Und seine Nachfolger nehmen das Bild auf: „Gott, der in unzugänglichem Licht wohnt, mache euch zu Trägern und Spiegelungen des Lichts" (Epheser 1, 17 f.). Denn es kann ja nicht anders sein: Wer der aufgehenden Sonne gegenübersteht, dessen Gesicht spiegelt ihre Helligkeit. Seine Stirn wendet sich dem Ge-stirn zu. Sie leuchtet. Wer das Feuer vor sich sieht, weiß, dass es ihn ergreifen könnte. Und vielleicht wünscht er sich in einem großen Augenblick, seine Nahrung zu sein, damit es größer und heller wird. Denn nur in dem Maß, in dem wir selbst bereit sind, in ihm mitzubrennen, wird Licht von uns ausgehen.

So begegnet schon mehr als tausend Jahre vor Christus Mose dem Gott, der ihn anspricht, im Feuer. In der Sonnenglut über dem heißen Gestein der Wüste sieht Mose einen Busch, der in Flammen steht und nicht verbrennen will. Aus dem Busch ruft ihn die Stimme an: „Mose! Führe dein Volk in die Freiheit!" Vor diesem Gott, der ihn im Feuer herausfordert, soll Mose der werden, der er ist: Der freie, aufrechte Mensch, der einen Auftrag übernimmt und ihn nach der Weisung Gottes erfüllt.

Als Jesaja berufen wurde, ein Prophet zu sein, sah er sich in einer Vision Gott gegenüber und erlebte, wie ein Engel eine glühende Kohle vom Altar nahm und ihm damit die Lippen berührte, damit er fähig würde, im Namen dieses brennenden Gottes zu reden. So als sollte er selbst die Flamme und das Holz sein und als sollte er, redend, sich selbst aufzehren.

Das Feuer aber meint den Augenblick. Wer von einem Gedanken aus Feuer getroffen ist, kann nicht sagen: Ich lasse mir Zeit. Er kann nicht sagen: Wenn ich älter bin oder dies und jenes erreicht habe, will ich dem nachkommen! Ihn trifft die Wucht des Augenblicks, der alles bezwingende Blitzschlag der Berufung, der die Erleuchtung bringt. Wir lesen: „Ihr seid Finsternis gewesen, nun aber seid ihr ein Licht aus dem einen großen Licht: Christus. Lebt nun, wie Menschen leben, die aus dem Feuer sind" (Epheser 5, 8 f.).

Aber was sagen wir mit alledem über Jesus? Wenn das Feuer und das Licht die wirklichen Merkmale seines Erscheinens waren, dann dürfen wir all die Vorstellungen von ihm erst einmal weglegen, in denen er harmloser beschrieben wird, vielleicht so, wie eine bürgerliche Gesellschaft ihren Jesus zu zeichnen liebt. Denn Christus brennt und leuchtet, selbst im abmildernden Widerschein, der uns nach Jahrtausenden noch erreicht, und er wird auch im dritten Jahrtausend nichts von seiner verzehrenden und faszinierenden Kraft verlieren.

Von ihm redet dieses Buch, nicht im Sinne einer Lehre, sondern einer dringlichen Anregung. Ich kann nicht wissen – wie es niemand wissen kann –, ob nun meine Vorstellungen von Jesus „richtig" sind. Sie sind das Bild, das sich mir im Laufe einer langen Zeit des Suchens nach Wahrheit und Klarheit, nach Gott und nach mir selbst, nach einer langen Zeit des Ausschauens nach Licht und Feuer, gezeigt hat. Andere mögen anderes wahrnehmen. Wer aber den Schein jenes Lichts und jenes Feuers selbst gesehen hat, den möchte ich beglückwünschen – in welcher Spiegelung auch immer er ihn wahrnahm.

II

WIE KOMMEN WIR IHM NÄHER?

Jede Zeit sah einen anderen Jesus

Es ist nicht verwunderlich. Nein, es ist bei einer geschichtlichen Gestalt dieser Größenordnung selbstverständlich, dass sie in verschiedenen Zeiten und Kulturen verschieden gesehen wird, dass vielerlei Wirkungen von ihr ausgehen, dass sie an vielen vorgefertigten Bildern gemessen wird, selbstverständlich auch, dass ihr Liebe und Hass begegnen, Begeisterung und Ablehnung. Irgendwie, das haben schon seine Zeitgenossen bemerkt, muss man sich zu diesem Jesus verhalten, irgendein Ja oder Nein muss man finden. Denn ein deutlicher Anspruch geht von ihm aus, und die Antworten, die man findet, werden von da an das eigene Leben und Denken prägen.

Vielerlei Namen haben die Menschen seiner Zeit ihm gegeben, mit denen sie ihre Liebe und Dankbarkeit ausdrückten. Sie nannten ihn Lehrer. Meister. Herr. Sie statteten ihn mit alten Würden aus wie der eines Königs, eines Propheten oder Sehers. In früheren Zeiten hatte ein von Gott eingesetzter Fürst sein Amt durch das Zeichen einer Salbung empfangen, die ein Prophet oder Priester an ihm vornahm. Und so nannten sie ihn „Messias" und später „Christus", den „Gesalbten". Oder anders: Sie sahen in ihm den, der an einem Heiligtum zwischen Gott und den Menschen zu vermitteln hat, und nannten ihn den Priester. Sie sahen in ihm den politischen Heilbringer, den Erlöser, den Befreier, der Frieden und Gerechtigkeit auf dieser Erde schaffen werde. Den Stellvertreter sahen sie in ihm, der um des Heils der Menschen willen geopfert wird. Sie sahen in ihm den „Vorausgänger", wie etwa Apostelgeschichte 3,15, also den, der uns durch den Tod und die Auferstehung ins Leben vorausgeht. Und auf irgendeine Weise sahen sie in ihm den, der diese Welt erneuern werde. Sie sahen in ihm den „Sohn Gottes", das heißt den Repräsentanten Gottes, der zugleich die Zielgestalt des Menschen sei. Sie sahen in ihm das Maß für Wahrheit und Lüge, den Richter, der am Ende zwischen gut und böse zu scheiden habe.

In den zweitausend Jahren seitdem begegnete jede Epoche ihm auf ihre je charakteristische Weise. In den Zeiten der Christenverfolgungen der ersten drei Jahrhunderte erhofften ihn die Christen vor allem als den, der nach der Zeit der so unbeschreiblich brutalen Staatsmacht aller Menschengewalt ein Ende setzen und selbst die Herrschaft ergreifen werde. In der Zeit des christlichen Kaiserreichs von Rom und Byzanz wandelte sich sein Bild in den, der die irdische Staatsmacht legitimiert, in eine Christusgestalt von erhabener Strenge und Würde, unter der die christlichen Kaiser mit ebensolcher Härte regierten. Und so schaut er in den byzantinischen Kirchen als Pantokrator, als Allherrscher, aus den goldenen Kuppeln streng und fordernd herab.

Im jungen Frankenreich wurde er zum jugendlichen König, zum strahlenden Helden, schön und siegreich, als Begleiter eines erwachenden, dynamischen Staatswesens. In der Gotik wandelte er sich in ein Zeichen der stillen Gegenwart Gottes, die sich in den gesammelten, hoheitsvollen Schnitzereien oder in der Gestalt des „schönen Gottes", des Beau Dieu an den Portalen der französischen Kathedralen, oder auch in der Figur des Thronenden zwischen den vier Tiergestalten als kosmische Macht darstellte. Aber er wurde auch zum Schmerzensmann, zum Gekreuzigten, Geschlagenen, Sterbenden. Den mystischen Laienbewegungen am Ausgang des Mittelalters wurde er zum leidenden Vorbild, dem es auf seinem Weg nachzufolgen galt. Schließlich wurde er dem aufkommenden Pietismus zum Seelenfreund, den Menschen erlösend zugewandt. Er wurde schließlich zum biederen Hausfreund des Bürgertums oder später zur jugendbewegten Führergestalt, wie sie noch im Dritten Reich Hitlers nachwirkte; er wurde immer wieder irgendwo zu einem Nationalgott, dem die „Soldaten Christi" untergeordnet waren, oder umgekehrt zum Modell des politischen oder sozialen Widerstandes. Er wurde zum Aussteiger im Sinne der Jesusbewegung von Kalifornien, die sich Jesus barfuß, mit langem Haar, sanft und mit Blumen in der Hand vorstellte, oder zum Hüter westlicher Menschenrechte oder schließlich zum Superstar. Jede Zeit hatte ihren Jesus. Aber seltsam: Dabei verbrauchte er sich nicht. In immer neuen Bemühungen gingen Kulturen, Völker oder auch Einzelne auf ihn zu, immer neue, genaue oder ungenaue Leitbilder schuf man mit seiner Hilfe, immer neue Deutungen für die Rätsel des Lebens, und immer neue Hoffnungen gewann man aus seinem Bild.

Und wie steht es heute? Was erwarten die Menschen unserer Zeit von einer Gestalt wie dieser, wenn sie überhaupt etwas erwarten? Vielleicht suchen sie die Autorität, die sie vermissen, vielleicht den Bruder, der ihnen fehlt. Vielleicht den Helfer in der persönlichen Bedrängnis oder die eigene verlorene Mitte, das Bewusstsein der eigenen Würde, das ihnen helfen könnte, sich selbst zu finden und zu verwirklichen. Den Befreier der Frauen aus der Vormundschaft der Männer. Oder auch den Garanten einer freien Weltwirtschaft, den Grundstein einer demokratischen Ordnung oder auch den Spender des guten Gewissens für eine weltweite Machtpolitik, die gegen das „Zentrum des Bösen" und seine Helfershelfer gerichtet ist.

Wenn ich heute um mich blicke, so liegt vor mir eine Welt, in der das Christentum nicht mehr nur seine europäische Gestalt hat oder seine traditionell russische. Ich sehe einen Jesus, der das Gesicht eines heutigen Afrikaners trägt oder eines alten Schamanen oder eines, der seinen Ort hat in der globalen Zivilisation unserer heutigen Welt. Ich sehe ihn uns Europäern begegnen im Gewand eines Moslems als der Prophet „Isa", als „Wort und Geist Gottes", wie der Koran ihn nennt. Oder ich begegne ihm zusammen mit anderen großen Lehrern der Menschheit, dem Europäer Sokrates, dem Inder Buddha, dem Chinesen Laotse und den vielen Meistern der Weisheit, den Asketen, Helfern und Befreiern. Ob ihm all das und alles, was künftig noch über ihn gedacht werden wird, gerecht werden kann, soll zunächst offen bleiben. Immer aber wird er sich in den Wünschen und den Hoffnungen, den Leiden und den Mangelerscheinungen einer Zeit und in ihren Ideen spiegeln, und immer wird er seine eigenen und meist ganz anderen Wege zeigen.

Von Buddha ist das Wort überliefert: „Meine Lehre ist ein Floß. Es dient dazu, ans andere Ufer zu tragen, nicht aber dazu, sich auf ihm häuslich einzurichten." Und ein Wort Jesu aus gnostischer Überlieferung lautet: „Die Welt ist eine Brücke. Geh hinüber, aber baue kein Haus auf ihr." Das meint auch: Mach aus Jesus keine feste Lehre, die immer und für alle gelten muss. Schau nach ihm aus und geh den Weg, den er dir zeigt. Denn die Wahrheit besteht nach der Bibel nicht in Lehrsätzen. Wahrheit will dem achtsamen Menschen in seiner Stunde begegnen. Es ist eine Erfahrung, die die Menschheit nun seit einigen Jahrtausenden machen konnte: dass die sicheren, lehrbaren Wahrheiten die unwichtigen sind, dass aber, je wichtiger eine Wahrheit ist, sie desto weniger beweisbar sein wird. Das aber hängt unter anderem damit zusammen, dass ein Mensch von allem immer nur so viel sehen wird, wie er dem, was er sieht, entgegenbringt an Bereitschaft, sich von ihm verändern zu lassen.

Es wird uns darum auch nicht irritieren, dass wir, was über Jesus im Neuen Testament zu lesen ist, verschieden verstehen werden. Die Bibel ist ein höchst offenes Buch. Jeder wird sie in seiner eigenen Fassung lesen, denn er wird in ihr immer auch sich selbst begegnen und seiner eigenen Lebensgeschichte. Vielleicht aber kann es uns auch verlocken, in ein uns unbekanntes Land zu gehen und dort einer anderen Landschaft, anderen Menschen und anderen Gedanken zu begegnen, und uns dabei auch der faszinierenden Gestalt dieses Jesus von Nazaret auszusetzen.

Ich sage nicht, man solle unkritisch hören, was in unserer Zeit über ihn gesagt wird. Ich sage auch nicht, es sei nicht erlaubt, ihn mit anderen Größen der Weltgeschichte zu vergleichen. Das hält er aus. Aber ich sage: Einmal im Leben wenigstens sollten uns über diesen Mann die Augen aufgegangen sein.

Wie habe ich selbst ihn erfahren?

Ich kann nicht so reden, als hätte ich alle Wahrheit in meiner Schublade. Ich kann nur sagen, was ich selbst erfahren habe und was mir wichtig ist. Und so hat es vielleicht einen gewissen Sinn, dass ich meine eigene Erfahrungsgeschichte an den Anfang stelle.

Meine erste Begegnung mit dem Mann aus Nazaret fand in der dunklen und kalten Zelle eines Gefängnisses statt. Es war im Jahr 1944. Ich hatte ein sehr kleines Neues Testament in der Tasche mitgebracht und las. Was ich fand, war ein weit gespanntes Kontrastprogramm zum Leben und Tun eines Soldaten, wie ich einer war. Es zeigte keinen Helden, sondern eher eine Art Antihelden. Keinen Eroberer, sondern eher einen Schützer und Begleiter von Schwachen und Bedrohten. Keinen auf Ehre und Gehorsam gedrillten Mitmacher, sondern einen auf atemberaubende Weise unabhängigen Einzelnen, der auf eine reine Weise er selbst war. Keinen, der verteidigen sollte, was bestand, sondern eher einen stillen Menschen unterwegs. Einen Menschen ohne Nationalhymne, ohne Uniform, ohne die Orden, die ihm eine Obrigkeit verleihen konnte, einen, der in deutlichem Zivil zeigte, was aufrechter Stand sei und aufrechter Gang. Einen Menschen, der kein Großreich wollte wie wir, sondern den Frieden, der nicht den Sieg und die

Macht suchte, sondern Gerechtigkeit, der keine Feinde hatte, sondern nur Menschen, denen er sich zuwandte. Einen freien Menschen, der sich erlaubte, überall hinzugehen, wohin man nicht ging: zu den Armen, den Verlassenen, den Ausgebeuteten, den Gefangenen. Und dieser Jesus aus dem Gefängnis hat mich lange begleitet, auch wenn ich nicht den Mut fand, mich mit seiner Freiheit gegen die Macht zu stellen, die mich, den jungen Soldaten, im Griff hatte.

Damals begegnete mir auch ein Mensch, der diesem Jesus zugewandt lebte und an dem mir klar wurde, was denn eigentlich ein Christ sei. Im selben Gefängnis war ein Mann der französischen Widerstandsbewegung inhaftiert, der mir mit seiner Stille, seiner Leidensbereitschaft, seiner Klarheit und freundlichen Gelassenheit einen tiefen Eindruck machte. Ich sah ihn und wusste, dass er etwas hatte, was mir fehlte. Etwas Entscheidendes. Er ging unter den Gefangenen und den Aufsehern seinen stillen, geraden Weg, und ich sah an ihm zum ersten Mal, wie es einen Menschen prägte, wenn ihn diese Gestalt des Jesus von Nazaret wirklich bestimmte. Wenige Tage nach meiner Begegnung mit ihm wurde er erschossen.

Was mich damals bei meiner Lektüre des Neuen Testaments sehr irritierte, war, dass da immer wieder gesagt wurde, dieser Jesus sei „für mich gestorben". Es war wieder ein bestimmter Mensch, an dem mir ein Licht aufging, obwohl er selbst gar nichts „Jesusgemäßes" an sich hatte. Es war am Tag der Invasion der Alliierten an der französischen Kanalküste. Ich war für eine bestimmte Besatzung eingeteilt worden, weil dort einer fehlte, der krank und mit Fieber im Revier lag. Als wir starten wollten, kam er, mit den Armen rudernd und winkend, über den Platz gelaufen, und als wir die Bodenluke noch einmal öffneten, kletterte er zu mir herauf und schrie: „Mach, dass du rauskommst! Das ist meine Besatzung!" Er wollte einfach bei seinen Kameraden sein, wenn es auf das Letzte ging. Er kam nicht zurück. Er flog für mich, und er starb an meiner Stelle. Und manchmal zeigt uns Gott, was er uns zeigen will, an einem Vorgang, der mit ihm nichts oder wenig zu tun zu haben scheint, und manchmal fällt dabei auch auf unser Bild von Jesus ein überraschendes, ein scharfes Licht.

Als ich, aus dem Krieg zurückgekommen, anfing, Theologie zu studieren, begegnete mir ein ganz anderer Jesus. Es war jener Jesus, über den unzählige Generationen kluger und hingebender Menschen nachgedacht hatten und dem man näher kam, wenn man anfing nachzudenken, wenn man viel lernte, viel klärte. Es war ein Jesus, von dem ein hochdifferenziertes Dogma die erstaunlichsten Aussagen machte; aber es war auch ein Jesus, den eine schonungslose Kritik wissenschaftlicher Art auf respektlose Weise verriss. Es war ein Wechselbad der Gefühle zwischen einem viel zu hoch stilisierten und einem alles Besonderen beraubten, und doch beanspruchten beide Seiten, sie deuteten das Ganze dieses Mannes. Was ich dabei lernte, war, nicht irgendetwas hinzunehmen, sondern es zu verstehen. Nicht einfach einer Autorität zu gehorchen, sondern aus der eigenen Erfahrung zu schöpfen.

Als ich auf Kanzeln stand, jung und unerfahren, begegnete mir der Jesus, der ein Prophet war, der Mann des freien Wortes, der mich lehrte, mich hinzustellen und, ohne von mir selbst etwas zurückzuhalten, zu sagen, was gesagt werden musste, weil es die Wahrheit ist. Es war der Jesus, der mir die freie Rede beibrachte ohne Rücksicht auf Meinungen und Widerstände.

Aber ich fand auch den anderen Jesus. Ich sah mein Versagen. Ich sah, wie ich vorbeiredete an den Menschen, an den Schulkindern, an den Alten, den Kranken. Ja, noch mehr: Als ich wahrnahm, wie hoffnungslos vergeblich meine eigenen Bemühungen um Stimmigkeit in mir selbst sich ausnahmen und der Selbstzweifel in Selbstverachtung überzugehen drohte, fand ich jenen stillen, inneren Jesus, der zu irgendeinem armen Menschen sagte: Deine Sünden sind dir vergeben! Geh in den Frieden! Ich fand den nahen, brüderlichen, der nicht nur Liebe anbot, sondern vor allem sie dem anbot, der sie nicht wert war.

Als Ende der sechziger Jahre die soziale Revolte, die sich zunächst gewaltlos in unserem Land zu Wort meldete, das bürgerliche Deutschland erschreckte, war es der Jesus, der Gerechtigkeit wollte auch für die Menschen überall in der Welt, die unter dem Wohlstand der Reichen zugrunde gingen. Es war der Jesus, der – wie es mir noch heute zuzutreffen scheint – politisch eher links als rechts anzusiedeln ist, dem die Armen wichtiger sind als die Mächtigen, der nicht interessiert ist an der Freiheit der Wirtschaft und des internationalen Kapitals, und nach dessen Namen eine konservative Partei zu benennen jedenfalls ein hohes Risiko darstellt.

Als es in den siebziger und achtziger Jahren darum ging zu verhindern, dass nicht wiedergutzumachendes Unheil über unser Land und die Menschheit hereinbrach, auf dem Höhepunkt der Raketenpolitik, als ich anfangs der Achtziger an einer Wehrkundetagung von Ministern, Generälen und Wissenschaftlern teilnahm, auf der man sich einig war, der Dritte Weltkrieg stehe etwa für das Jahr 1985 bevor, er sei nicht zu verhindern, er werde ein atomarer sein und sich in Europa abspielen, da suchte ich aufs Neue nach Jesus. Ich wusste, dass er die Katastrophen der Menschheitsgeschichte nicht verhinderte, sondern vor allem unter ihnen litt. Und als nun die kleinen Gruppen und später die Massen auf die Straße gingen, um von den Verantwortlichen etwas wie echten Friedenswillen einzufordern, da fand ich den Jesus der Bergpredigt, der von Gewaltlosigkeit sprach, vom Sich-nicht-Rächen, von der Liebe zum Feind, den Jesus, der die Weisheit besaß, Wege zu zeigen, wo kein Weg sichtbar war, Wege eines versöhnenden, lebenrettenden Handelns.

Vor dreißig Jahren begann ich, jedes Jahr mehrmals in den Nahen Osten zu reisen auf der Suche nach der Geschichte, von der die Bibel erzählt. Und so kam ich natürlich auch nach Galiläa, jenem wunderbaren Fleck Erde, in das sonnenüberglühte Land am See Genezaret, und ging dort alle Wege, die ich fand, bis ich vermuten konnte, überall gewesen zu sein, wo er, dieser schlichte Wanderprediger, gegangen sein könnte, oder jedes Dorf durchwandert zu haben, von dem ich annehmen konnte, es habe hier oder dort gelegen. Ich versuchte, ihn mir vorzustellen, wie er mit der Gruppe seiner Anhänger von Haus zu Haus, von Dorf zu Dorf ging, redend und schweigend, heilend und fordernd, die Menschen suchend mit der ihm eigenen großen Verbindung von Güte und Klarheit, von Liebe zu den Menschen und Wissen um ihr Elend. Ich habe mir auf dem schönsten Berg, den ich finden konnte, dem Arbel, den ich als das Herz von Galiläa empfand, seine Reden vorgesagt, und ich meine, ich hätte erst dort den Anfang gemacht, sie wirklich zu begreifen. Ich fuhr mit den Fischern aus Tiberias und Ginosar zum Fischfang aus und suchte, ihn zu sehen, wie er vom Boot aus redete oder im Sturm über den See fuhr. Ich ging von Trümmerhaufen zu Trümmerhaufen: Beth Saida, Chorazin, Magdala und wie sie alle heißen und stellte mir die Häuser vor und die Menschen, die Armen und die Reichen, die Gesunden und die Kranken, die Dankbaren und die Widerstrebenden und ihn, Jesus, mitten darin. Mit den Menschen umzugehen, wie er mit ihnen umging, das war das Maß, das ich fand. Unter den Menschen auszuhalten, wie er aushielt. Hinter allem Streit und Elend und oberflächlichen Glanz jenes Große zu schauen, auf das alles hinauslaufen soll: das Reich Gottes, das Reich der Himmel, das Reich des Vaters, das konnte einem Menschenleben wie dem meinen die Richtung geben, den Sinn, das Stehvermögen und das öffentliche Wort. Denn was er dort gesagt hat, das ist nun das Maß, das gelten muss, wenn einer in den Streit unserer Tage eingreift, wenn er von Glauben redet oder vom Frieden, von Zeit und Ewigkeit und von all den vielen Fragen und Problemen einer so unerhört gefährdeten Menschheit wie der unserer Tage.

Und oft ging ich mit ihm zusammen durch die Passionsgeschichte. Wer die nächtlichen Ölgärten im Kidrontal aufsucht, den Abendmahlssaal und die Gassen, die zum Ort des Tempels führen und zum Regierungssitz des Pilatus oben am Jaffator, zum Gartentor und zum Hügel Golgatha und wieder hinüber zum Ölberg mit dem Ort, an dem man seines Abschieds gedenkt, wer dort nach seiner Spur sucht, der hört zwar auch, was er geredet hat, was seine Jünger fragten und die Mächtigen ihm vorhielten, er hört aber vor allem die große Stille, das Schweigen, mit dem er seinen Richtern begegnete. Er wird einem Jesus begegnen, der vor allem in ihm selbst, in dem Menschen, der seine Spur sucht, einen inneren Weg vorzeichnet. Und dieser Jesus war für mich in all den Jahren immer etwas sehr Verborgenes in mir selbst, etwas, von dem die großen Mystiker in ihren wunderbaren Texten zu reden verstanden.

Wenn ich mich als alter Mann prüfe, welchem Jesus eigentlich ich besonders zugetan sei, so wird mir immer uninteressanter, wo meine Vorliebe liegt, und wichtiger wird mir, auf welche Weise mir Gott in diesem Jesus zugetan ist. Ich suche ihn nicht mehr, sondern weiß mich gesucht von ihm, und alle Bilder, die mir im Lauf meines Lebens vor der Seele gestanden haben, vereinen sich auf eine stille und klare Weise zu dem einen Licht, das mich findet, oder besser, das mich gefunden hat.

Dass man Jesus in so vielen Bildern gespiegelt sehen kann, ist für mich heute ein Zeichen seiner universellen Wichtigkeit. Dass man ihn so verschieden verstehen und in lebendiges Leben umsetzen kann, ein Ausdruck seiner Lebendigkeit. Dass ich ihn auch in weiteren fünfzig Jahren meines Forschens und Nachdenkens nicht ergründen werde, ein Ausdruck seiner Tiefe. Und dass im Grunde keiner, der sich selbst und sein Leben ernst nimmt, an ihm vorbeikommt, ein Zeichen seiner Wahrheit. So sehe ich mit Dankbarkeit und großer Freude, was sich mir im Lauf meines Lebens an meinem Bild von Jesus verändert hat. Es schiene mir eine schreckliche Vorstellung, es sei mir zwischen meinem vierzigsten und meinem achtzigsten Lebensjahr nichts mehr neu aufgegangen.

Und zuletzt: Denke ich mir den kuriosen Fall, die ganze Menschheit würde diesen Jesus eines Tages vergessen haben, und es fände einer nach Jahrtausenden unter den Ruinen des 21. Jahrhunderts ein Evangelium des Matthäus, so kann ich mir nichts anderes denken, als dass es eine Sensation auslöste und aufs Neue eine Religion in die Welt käme, die von jenem vergessenen Jesus redete als dem großen Vorausgänger auf den Wegen der Menschheit.

Was können wir über ihn wissen?

Die Antwort scheint einfach. Wir lesen die vier Berichte über ihn, die wir die „Evangelien" nennen, von Matthäus, Markus, Lukas und Johannes. Wir haben Briefe, die in der ersten Generation nach ihm geschrieben worden sind und die von ihm reden, von der Hand des Paulus.

Aber Vorsicht ist angezeigt. Jesus selbst hat keine Zeile geschrieben, die uns überliefert wäre. Wie Buddha oder Sokrates, Konfutse oder Epiktet ist er uns nur durch Berichte Späterer bekannt, und aus ihnen sprechen Liebe und Verehrung, aber nicht immer exakte Tatsachenschilderung. Vieles an diesen Berichten oder Briefen ist nicht Bericht, sondern Bezeugung. Es ist nicht ein Porträt von ihm, sondern eine Deutung. Auch wenn Reden Jesu mitgeteilt sind, redet in ihnen oft nicht Jesus selbst, sondern ein begeisterter Augen- oder Ohrenzeuge. Alles, was niedergeschrieben wurde, ging erst einmal durch den Kopf und das Herz eines Zeitgenossen und wurde meist erst vierzig bis sechzig Jahre nach dem Tod des Meisters schriftlich festgehalten.

Aber wie kam es denn überhaupt zu diesen Schriften? Dass sein Tod wie ein ungeheurer Schock wirkte, ist noch in den erhaltenen Notizen spürbar. Es dürfte niemanden wundern, wenn der Kreis seiner Jünger für immer verstummt wäre. Aber dann geschah zweierlei: Sie machten Erfahrungen, die ihnen sagten, ihr

Meister sei nicht im Tod geblieben, er sei lebendig – auf irgendeine nicht erklärliche, aber reale Weise. Und sie erlebten, was die Pfingstgeschichte erzählt, dass etwas über sie kam wie ein Sturm oder ein Feuer, etwas, das sie „Geist Gottes" nannten. Sie erfuhren, dass aus ihnen, wenn sie den Mund auftaten, mehr kam als ihre persönlichen Meinungen oder Gedanken, dass vielmehr Christus durch sie hindurch weiter sprach, und dass, was sie zu sagen hatten, alle Menschen aufs Dringendste anging. Es ging etwas durch sie hindurch wie die plötzliche Erkenntnis: Das also ist der Sinn von dem, was wir erlebt haben! Das also ist unser Auftrag!

So begannen sie noch im selben Sommer des Jahres 30 zu Nachbarn und zu fremden Menschen zu reden, sie begannen auszuschwärmen in die Dörfer ihres Landes und darüber hinaus. „Was da geschehen ist, was wir hörten, was wir mit unseren Augen sahen, was wir mit unseren Händen ergriffen haben, das bezeugen wir euch, denn ihr sollt an unserer Freude teilhaben!", so schildert der erste Brief des Johannes die Absicht der entstehenden Wanderbewegung.

Einige der Führenden kennen wir mit Namen. Wir lesen von Barnabas, von Philippus, Silas, Petrus, Markus, Titus, Timotheus, auch von einigen Frauen wie Maria Magdalena, Prisca, Phoebe oder Julia. Vor allem von Paulus. Wir kennen auch die Zeit. Sie reicht vom Jahr 30 bis etwa zum Jahr 60 oder 70. Danach kommt diese Wanderbewegung in den Städten und an den dort entstehenden übergeordneten Ämtern der Bischöfe und Lehrer allmählich zum Stehen.

In Gruppen waren sie unterwegs. Und natürlich haben sie nur sehr andeutend miteinander verabredet, was das Wichtigste sei und was sie zu sagen hätten. Die einen legten größten Wert auf die Reden, die Worte, die Weisungen des Meisters, und sie sammelten, was ihnen davon in die Hände kam. Anderen war zentral wichtig, dass Jesus für seine Sache und für die Menschen litt und starb, und bei ihnen bildete sich der erste zusammenfassende Bericht über seine Passion. Wieder anderen war der Meister von Nazaret weniger wichtig als der an Ostern auferstandene Christus, der nun in ihnen lebte und sie erfüllte und verwandelte. Zu ihnen gehört Paulus. Einer vierten Gruppe schien an Jesus entscheidend das eine, dass er als Offenbarer Gottes in diese Welt kam und nach Erfüllung seines Auftrages zu Gott zurückkehrte. Die sich diesem Aspekt der Gestalt Jesu zuwandten, stehen hinter dem Johannesevangelium. Für sie war Jesus das Licht der Welt und der Weg zum Leben, und was sie erzählten, kreiste immer um dieses Thema.

Mit solchen Gedanken in Kopf und Herzen und mit einigen schriftlichen Notizen im Reisebündel gingen sie auf ihre Wanderschaft, zunächst bei Jerusalem oder in Galiläa, dann vorsichtig hinaus über die Grenzen ihres Landes, wie es Paulus tat, danach aber, später, unabhängig und frei auf den Heerstraßen des Römerreichs, auf den Handelsstraßen, den Karawanenwegen oder den Schiffsrouten. Sie kamen nach Syrien, nach Griechenland und Italien, ins alte Babylon und ins Perserreich, nach Ägypten auch mit seinem großen Handels- und Bildungszentrum Alexandria, in die Inselwelt des Mittelmeeres, nach Nordafrika, auf den Balkan oder in die arabische Wüste. Der Verkehr auf den Verbindungsstraßen zwischen den Städten war dicht, er war wohlgeordnet und einigermaßen sicher, und erstaunlich ist nur, wie rasch sich ein Netz von Zustimmung ausbreitete und wie rasch sich zugleich auch öffentlicher Widerstand erhob.

Planvoll und sammelnd haben erst Spätere gewirkt, vor allem nach der Zerstörung Jerusalems im Jahr 70, als die Basis wegbrach, von der sie immer ausgegangen waren, nämlich das judäische Land, und sie sich immer weiter in das Römische Reich und in die hellenistische Kultur hinauswagten. Für diese sehr sorgfältige Arbeit der zweiten und dritten Generation ist charakteristisch, was Lukas irgendwann nach dem Jahr 80 im Vorspann zu seinem Evangelium schreibt: „Lieber, verehrter Theophilus, ich versuche hier etwas, das schon andere versucht haben, nämlich über die großen Ereignisse zu berichten, die unter uns geschehen und nun zum Ziel gekommen sind. Augenzeugen, die von Anfang an mit dabei waren und ihre Lebensaufgabe darin sahen, unermüdlich immer neu zu berichten, haben uns davon erzählt. Und so fand ich, ich solle als ein spät Hinzugekommener den Versuch unternehmen, alle ihre Berichte von Anfang an zu sammeln, zu prüfen und in einer guten, klaren Ordnung für dich neu niederzuschreiben, denn du sollst wissen, worauf der Glaube beruht, den man dir nahe gebracht hat" (Lukas 1, 1–4).

❦

Was also haben wir in der Hand? Äußerungen von hochbeteiligten und engagierten Menschen, die nicht in erster Linie berichten wollten, was war, sondern vielmehr aufzeigen, was es bedeutete, auch was es vor allem in ihnen selbst bewirkt hatte; nicht wer Jesus war, sondern wer er für sie war, was er aus ihnen gemacht, was er ihnen an Kraft und Geist gegeben hatte. Und hinter diese Bilder der Beteiligten kommen wir nicht zurück bis zu einem Bild von Jesus, wie ihn ein Geschichtsschreiber hätte zeichnen oder ein Reporter von heute hätte fotografieren können.

So redet Paulus in seinen Briefen, die das einzig Erhaltene aus jener ersten Zeit sind, keineswegs von dem Meister aus Nazaret, von den Reden, die er gehalten, von den Auseinandersetzungen mit den Autoritäten in seiner Heimat, den Heilungen, den Wundern. Er erzählt nicht seine Gleichnisse oder seine Weisungen – er sagt selbst, für das alles interessiere er sich nicht so sehr (2. Korinther 5, 16) – er redet vielmehr nur immer vom auferstandenen Christus; und was er über ihn sagt, ist durch und durch mystischer Natur. Er sagt, es komme darauf an, dass wir Christus nicht nur irgendwo draußen oder droben suchten, sondern vor allem in uns selbst, und es komme für uns selbst darauf an, in Christus zu sein. Es gelte mit diesem Christus ein Wesen zu werden, ihn in sich zu tragen, mit ihm zu sterben und zu leben, sich in sein Bild zu wandeln so, dass er in unserem eigenen inneren Menschen zu einer erwachsenen Gestalt heranreife. Es gelte, Christus so zu spiegeln, dass sein Licht auf unserem Gesicht erscheine, seine Stimme so aufzunehmen, dass unsere Stimme zu der seinen werde. Alles komme auf die Selbstvergegenwärtigung Jesu an, auf die Widerspiegelung des ins Licht auferstandenen Christus in uns.

❧

Es ist begreiflich, dass am Anfang nicht eine Lehre stand, auch nicht eine Lehre des Meisters, dass da vielmehr Erinnerungen aufgeschrieben wurden, auch eigene Einsichten und Erfahrungen der Menschen, vor allem aber vieles, zu dem der Geist Gottes sie inspiriert hatte. Es ist begreiflich, dass es in jener Anfangszeit so ganz und gar unkoordiniert zuging und jeder bezeugte, was er gehört, geschaut und erfahren hatte. Dass sie verschieden erzählten, ist ja nicht ein Beweis gegen die Wahrheit, sondern Ausdruck lebendiger Erfahrung und Beteiligung. Sie wollten keine Archivare oder Geschichtsschreiber sein; sie wollten den Brand ausbreiten, den Jesus entzündet hatte.

Und so kommen diese Worte zu uns. Das eine trifft den einen, das andere den anderen. Und auch bei uns entstehen nun Bilder von Jesus, mit denen wir uns ihm nähern und in denen er uns aufscheint. Es kann nicht in der Absicht jener Schreiber am Ende des ersten Jahrhunderts gelegen haben, dass wir Christen von heute nun alles gleich und alles gleichförmig sehen und glauben. Nehmen wir also erst einmal auf, was da gesagt und berichtet wird. Betrachten wir es, hören wir es. Und lassen wir es gelten, auch wenn es ungewohnt, unerwartet oder widersinnig scheinen mag oder wenn es unseren Vorstellungen nicht entsprechen will. Es ist alles wichtig. Wichtig sind auch die Geschichten, die wir Legenden nennen. Mit allem wollten jene Menschen ihre Liebe und Verehrung für ihn zeigen, wollten sie deuten, wer er war, was er tat, was er vor allem auch in ihnen selbst bewirkte.

Insgesamt halten wir fest: Was wir in der Hand haben, ist kein Protokoll seines Lebens, sondern die Geschichte seiner Wirkung. Es ist nicht ein Bild von ihm selbst, sondern von seiner Ausstrahlung, die über die Menschen nach ihm bis zu uns herüber gespiegelt wird. Worauf es bei uns selbst heute ankommt, ist also nicht, dass wir zur Kenntnis nehmen, was man über ihn weiß, sondern dass wir die Wirkung an uns geschehen lassen, die seine Absicht mit uns ist. Und dass wir weiterspiegeln, was wir von seiner Ausstrahlung aufgenommen haben, zu denen hin, die um uns her oder nach uns sind.

Aber das gilt nicht nur für unsere Versuche, Jesus zu verstehen. Es ist ein Grundgesetz aller Geschichte. Sie erreicht mich ja nicht so, dass da vor meinen Augen die Denkmäler bedeutender Menschen stehen und von mir bewundert werden sollen, sondern so, dass eine lange Lichterkette durch die Geschichte läuft. Ich sehe nicht Franz von Assisi vor mir, sondern ein Bild von ihm, wie es meine Zeit oder meine Kirche zeichnet oder ein Lehrer oder ein Buch es mir vermittelt. Irgendwo strahlt ein Licht auf, andere sehen es und geben seinen Schein weiter, und über Unzählige, die berichten, erklären und deuten, erreicht seine Ausstrahlung auch mich, wie abgeschwächt oder verändert sie mich auch immer treffen mag. Ich nehme etwas wahr, ich denke nach, lasse meine Gefühle zu und beurteile, was ich sehe; und was ich urteile, was ich gesehen habe, das spiegelt sich für Spätere, für Kinder, für Nachfolgende in mir, der seine Überzeugung weitergibt. Entscheidend an der Welt- und der Geistesgeschichte ist nicht, was war, sondern, was mich, den Heutigen, erreicht, was ich davon aufnehme und verarbeite und was am Ende von mir, der in diese Lichterkette eintritt, an widergespiegeltem Licht ausgeht.

Ich werde also in diesem Buch nicht so tun, als gebe es eine bestimmte Lehre, wer Jesus gewesen sei, was er gesagt und gewollt habe. Ich werde auch nicht den Versuch unternehmen, einen „harten Kern" aus den Worten, den Geschichten, den Legenden herauszuschälen. Ich höre möglichst einfach zu. Ich nehme auch das ins mythologische Gewand Gehüllte und das Legendäre ernst und versuche, es zu verstehen. Denn was wir „mythisch" nennen oder „legendär", ist nicht notwendig falsch oder entbehrlich. Das Bildhaft-Anschauliche ist vielmehr die Sprache, in der alles Religiöse ausgesagt werden muss, und es gibt keine andere. Auf alle Fälle werde ich allem, was dasteht, zumindest die Dignität und die Unangreifbarkeit eines originalen Ausdrucks von Erfahrung eines beteiligten Menschen zugestehen.

III

DIE ERSTEN SPUREN

Seine Herkunft lag in einem Winkel der Welt

Zunächst einmal ist klar zu sagen: Jesus hat gelebt. Er ist eine Gestalt der wirklichen Geschichte. Wer das bestreiten will, muss persönliche Gründe haben. Die frühchristliche Wanderbewegung hatte ihre Kraft aus ihrem Ursprung. Die Berichte über ihn hatten ihren Hintergrund. Sie wären nicht erklärbar, stellte man sich vor, sie seien aus dem Nichts entstanden. Und Phantasie ist es auch nicht, wenn der jüdische Geschichtsschreiber Josephus aus dem Jahr 62 berichtet, der Hohepriester Hannas, der Jüngere, habe Jakobus, den Bruder des „sogenannten Christus", im obersten jüdischen Gerichtshof vorführen lassen. Nein, wer das geringste Gespür hat für geschichtliche Tatsachen, kommt niemals auf die Idee, Jesus sei ein Produkt phantasievoller Märchenerzählung. Jesus war eine Person der Geschichte so gewiss wie Kaiser Augustus oder Napoleon.

Als zweites ist zu notieren: Jesus war Jude. Jesus stand ganz und gar in der religiösen Überlieferung dieses Volks. Seine Nachfolger mögen Gründe gehabt haben, mit ihrer Botschaft über die Ränder des Judentums hinauszugehen. Jesus selbst befindet sich klar innerhalb des Judentums. Es ist merkwürdig, dass man das immer noch und immer wieder betonen muss.

Er stammt aus einem Winkel Palästinas, dem Hügelland westlich des Sees Kinneret, aus dem kleinen Ort Nazaret. Was dieses Palästina heute ist und wie es dort zugeht, macht uns jede abendliche Nachrichtensendung deutlich: Scharen junger Menschen werfen mit Steinen, Soldaten schießen dagegen mit Tränengas und Gummigeschossen, fast täglich sterben die Opfer, Häuser werden abgeräumt, Autos von Bomben zerrissen. Und das mit Unterbrechungen praktisch seit Jahrzehnten. Ein Ende, ein Ziel, ein Friede ist nicht abzusehen.

Das Fest, an dem unsere Gedanken besonders gerne dort verweilen, ist der Geburtstag des Meisters. Und dieses Fest schildert mit seinen Krippenspielen und Weihnachtsliedern eine friedliche Welt, in der der große Friedensbringer Jesus von friedlichen Hirten willkommen geheißen wird. Aber Weihnachten eignet sich nur dann zur Familienidylle, wenn wir ganz und gar nicht wissen, was damals dort geschah. Denn so anders als heute ist die politische Szenerie jener Zeit nicht vorzustellen.

Nehmen wir an, Jesus sei im Jahr 7 vor unserer Zeitrechnung geboren. Darauf hat sich die Wissenschaft mittlerweile geeinigt. Wenn das zutrifft, dann verbringt er seine Jugend in einer brutalen Szenerie von Kriegen. Drei Jahre alt ist er, als in Galiläa ein Aufstand gegen den Sohn des Herodes, der sich nach dem Tode seines Vaters der Krone bemächtigen will, losbricht. Daraufhin marschiert der römische Feldherr Varus, derselbe, den wir aus der Schlacht im Teutoburger Wald, 13 Jahre später, kennen, mit drei Legionen, das heißt wohl etwa dreißigtausend Mann, ins galiläische Bergland ein. Im Zentrum des Aufstands liegt Sepphoris, eine Stadt sechs Kilometer nordwestlich von Nazaret, aber es ist keineswegs das erste Mal, dass diese Stadt und ihre Umgebung einen Krieg erlebt. Einer Überlieferung nach stammten Marias Eltern von dort, und es wird erzählt, sie hätten flüchten müssen, als Maria ein Kind war, also wohl zehn Jahre früher, weil die Stadt von römischen Truppen geplündert und zerstört worden sei, und sie hätten sich danach in Nazaret niedergelassen. Varus also tut erneut, was die Herrenvölker schon immer getan haben: Er zerstört die Stadt, und was das für die Bewohner auch der Nachbarorte bedeutet, ist hinreichend bekannt: Raub, Brand, Folter, Vertreibungen, Massenkreuzigungen. Danach marschiert Varus nach Jerusalem und lässt unterwegs 2000 Juden kreuzigen.

Dasselbe wiederholt sich, als Jesus zwölf Jahre alt ist, mit allen Gräueln, denn die Widerstandskämpfer der Juden finden sich nie damit ab, dass ihr Land von einer fremden Macht beherrscht und ausgebeutet wird. Aus den vielen Höhlen des Kalkgebirges ihrer Heimat heraus führen sie ihren Kampf, und immer endet er damit, dass man wieder ein paar von ihnen ergreift und umbringt. Aber das ist nicht alles.

Die Bibel erzählt: „Kaiser Augustus ordnete eine Steuerschätzung an." Nichts gegen Kaiser Augustus. Er war einer der tüchtigsten und gerechtesten Herrscher der Alten Welt. Wenn man seine Herrschaft von oben her betrachtet, von seiner Hofhaltung oder seiner politischen Kraft her, dann ist seine Gestalt von geradezu religiösem Glanz umstrahlt. Sieht man sie von unten, wo die Menschen sind, wirkt sie nicht ganz so segensreich. Wenn erwähnt wird, es finde da eine „Schätzung" statt, und jedermann habe sich in seine Vaterstadt zu begeben, um seine Steuer festlegen zu lassen, so steht dahinter eine Gewaltmaßnahme von unvorstellbarer Brutalität.

Sie geschah in zwei voneinander unabhängigen Schritten: Einmal in der „Aufschreibung", das heißt der namentlichen Erfassung aller Personen, die über Grund- oder Hauseigentum oder sonstigen Besitz verfügten, zum anderen in der „Schätzung", das heißt der Festlegung der Summe, die der Betreffende als Steuer abzuführen hatte. Die beiden Schritte konnten Jahre auseinanderliegen.

Eine Inschrift, die in Ankara gefunden wurde, berichtet, Augustus habe dreimal während seiner Regierungszeit diesen „Census" angeordnet: Im Jahr 28 vor Christus für die römischen Bürger, vom Jahr 12 an für die einzelnen Provinzen des Reiches, dazu zählt der im Jahr 8 vor Christus befohlene Zensus für „Syrien", den Großraum zwischen dem Südrand von Anatolien und der Grenze Ägyptens, und im Jahr 14 nach Christus für das ganze Reich. Es stimmt also: „Diese Schätzung war" – in diesem Raum – „die erste." Da aber diese Steuererhebung die Bewohner des Reiches immer mit brutaler Härte traf, revoltierten im Jahr 12 vor Christus die Gallier, im Jahr 11 vor Christus die Dalmatier, im Jahr 10 vor Christus die Ägypter und so weiter.

Wie es aber bei der „Aufschreibung" zuging, berichtet der römische Schriftsteller Lactantius: „Die Zensoren erschienen allerorts und brachten alles in Aufruhr. Die Äcker wurden Scholle für Scholle vermessen, jeder Weinstock und Obstbaum wurde gezählt, jedes Stück Vieh jeder Gattung wurde registriert, die Kopfzahl der Menschen wurde notiert, in den autonomen Städten wurde die städtische und ländliche Bevölkerung zusammengetrieben, alle Marktplätze waren verstopft von herdenweise aufmarschierenden Familien, jedermann erschien mit der ganzen Schar seiner Kinder und Sklaven, überall hörte man die Schreie derer, die mit Folter und Stockschlägen verhört wurden, man spielte die Söhne gegen die Väter aus und presste die treuesten Sklaven zu Aussagen gegen die Herren, die Frauen gegen die Ehemänner. Wenn alles vergeblich durchprobiert war, folterte man die Steuerpflichtigen, bis sie gegen sich selber aussagten, und wenn der Schmerz gesiegt hatte, schrieb man steuerpflichtigen Besitz auf, der gar nicht existierte. Es gab keine Rücksicht auf Alter und Gesundheitszustand. Kranke wurden herbeigeschleppt und Gebrechliche, das Lebensalter wurde nach Schätzung notiert, das Alter der Minderjährigen heraufgesetzt, das der Greise herabgesetzt, alles war erfüllt von Kummer und Jammergeschrei." Da auch Ehefrauen erscheinen mussten, entspricht der Bericht des Lukas durchaus der Rechtslage.

Das Jahr, in dem Jesus zur Welt kam, war darüber hinaus das Jahr einer schweren Krise im Lande der Juden. Herodes hatte ohne Erlaubnis des Kaisers einen Feldzug gegen ein Nachbarvolk unternommen. So nahm Augustus ihm den Rang eines „verbündeten Königs" und machte ihn zum bloßen Untertanen. Weil in diesem Zusammenhang nun von allen Bewohnern von Judäa, Samaria und Galiläa der Treueid dem Kaiser gegenüber gefordert wurde und dies dem Glauben der Juden widersprach – sie wollten nur einen Gott haben und nicht noch andere neben ihm –, kam es zu Massenhinrichtungen frommer Juden. Die Aufschreibung des Landes war mit diesem Glauben ebenso wenig zu vereinbaren. Der Jude sah sein Land als Eigentum Gottes an und die Aufschreibung als Übergriff. So kam es zu Aufständen. In eben jenen Tagen einer landesweiten politischen Erregung wandern Josef und Maria nach Bethlehem. Auch das ist noch nicht alles: Im Jahr 14, als Jesus 21 Jahre alt ist, bricht eine neue Steuererhebung über das Land herein mit allen sozialen Folgen: Armut, Hunger, Verschuldung, Sklaverei. Die Verzweiflung der Menschen muss unermesslich gewesen sein.

Die Familie, in der er aufwuchs, war arm wie die meisten Bewohner dieses Landstrichs. Kaum jemand außer den wenigen Großgrundbesitzern hatte mehr als das Feld, das er bebaute und darüber hinaus kaum mehr, als er auf dem Leib trug. Nazaret aber war ein kleiner Ort, in dem die Menschen mehr in Höhlen als über der Erde lebten. Man fand ungefähr 65 Höhlenwohnungen, die zum Teil drei Stockwerke übereinander aus dem Felsen gehauen waren. Und wenn von Joseph gesagt wird, er sei ein Häuserbauer gewesen, so war er kein Zimmermann, wie man ihn auf altdeutschen Bildern gern malte, sondern einer, der Lehmhütten errichtete oder Wohnungen aus dem Felsen schlug. Ernst Bloch hat mit Recht gesagt: „Eine so geringe Herkunft des Stifters einer Religion wird nicht erfunden. Die Sage macht keine Elendsmalerei und sicher keine, die sich ein Leben lang fortsetzt. Der Stall am Anfang und der Galgen am Ende – das ist aus geschichtlichem Stoff."

Aber viel mehr als seine Herkunft aus ärmlichen Verhältnissen und als sein Ende durch eine brutale Hinrichtung wissen wir nicht. Er ist sozusagen plötzlich da. Er redet. Er wirkt als Heiler. Er kämpft gegen allerlei Missstände. Er scheitert und wird beseitigt. Nichts wissen wir über seine Vorbildung. Nichts wissen wir über seinen Familienstand, ob er ledig oder verheiratet war und ob er vielleicht Kinder hatte. Alles ist möglich. Nur wenige Namen von Orten werden genannt, in denen er aufgetreten sei. Einigermaßen fest steht nur, dass er sich von seiner Familie unabhängig gemacht hat und dass alles, was er sagte oder tat, von einem deutlichen „Zug nach unten" bestimmt war, zu den sozial Schwachen, den Ausgegrenzten, den Leidenden des Leibes und der Seele.

„Die Herren der Welt haben den Christus nicht erkannt", schreibt Paulus. Und Ernst Bloch: „Wären statt der heiligen drei Könige Konfuzius, Laotse und Buddha aus dem Morgenland zur Krippe gezogen, so hätte nur einer, Laotse, die Unscheinbarkeit des Allergrößten wahrgenommen, obzwar nicht angebetet." Konfuzius und Buddha stammten aus der Oberschicht und hatten eine für die Oberschicht ihrer Gesellschaft charakteristische Weltsicht. Laotse allein blieb der unauffällige Einzelne im Unterwegs. Für Jesus ist die Unscheinbarkeit das Bezeichnende, die Armut, die soziale Niedrigkeit, aus diesem engen Raum heraus aber erwächst seine universale Bedeutung für die Menschheit dieser Erde.

Die entscheidende Frage war: Wie überlebt man?

Wie überlebt man eine so blutige Zeit von Hunger und Elend? Das war die Grundfrage, die durch das Land ging und die Menschen spaltete. Die Parteien und Gruppen jener Zeit gaben je ihre charakteristischen Antworten. Vier davon sind zum Verstehen der Geschichte Jesu vor allem wichtig.

Die erste Antwort war: Unauffällig leben. Sich politisch nicht exponieren. Sich zurückziehen in den privaten Raum, in eine das ganze persönliche Leben erfassende Frömmigkeit, und das Heil nicht von der Gegenwart, sondern von der Zukunft erwarten. Die so dachten, waren die „Pharisäer". Das Wort bedeutet: die sich herauslösen, sich absondern. Diese Frömmigkeit im Abseits hatte das charakteristische Merkmal, dass sie sich um das überlieferte Gesetz bemühte und hoffte, wenn man es nur peinlich genug erfüllte, werde Gott diesem Volk am Ende doch noch eine Zukunft eröffnen. Die Pharisäer waren keineswegs nur die Heuchler, als die sie in der polemischen Sicht der christlichen Berichterstatter erscheinen, sondern vor allem ernst und diszipliniert lebende Menschen. Sie waren zum Großteil Bauern oder Handwerker, wie man sie bis zum heutigen Tag in den Synagogen Obergaliläas die Bibel oder die Kabbala studieren sieht. Sie waren es, die im Gegensatz zum Priestertum am Tempel den laizistischen Typus des „Schriftgelehrten" hervorbrachten, und sie wurden in der Folgezeit zu den Vätern der jüdischen Orthodoxie. In ihren Kreisen galt eine große Freiheit der Schriftauslegung, aber auch eine sehr offene und mitunter harte Streitkultur. Wir nehmen heute an, dass Jesus und seine Familie diesen Kreisen angehörten. Dass Jesus sie zugleich aufs schärfste angriff, ist kein Widerspruch dazu.

Ganz anders die Antwort, die eine andere Gruppierung gab: die „Sadduzäer". Sich anpassen war die Parole; dadurch das Vertrauen der Römer, Einfluss und begrenzte Macht gewinnen, so dass die Dinge nicht gar so blutig ablaufen und wenigstens Ordnung im Lande herrscht. Diese Gruppierung stellte die Priester am Tempel in Jerusalem, sie war die soziale und politische Oberschicht. Die Römer verließen sich auf ihre Loyalität, und die Sadduzäer vermieden alles, was nach Widerstand aussah. Ihre politische Rolle war ihnen oft wichtiger als ihre religiöse Funktion. Aber das schiedlich-friedliche Zusammenleben mit den Römern, das sie forderten, war der Grund, dass sie im Volk unbeliebt und weitgehend verachtet waren. Ihre Partei dürfte es vor allem gewesen sein, die den Prozess gegen Jesus in einer Nacht- und Nebelaktion durchzog. „Es ist besser, es stirbt einer, als dass das ganze Volk verdirbt", sagte einer. Ruhe war ihm die erste Bürgerpflicht.

Wie überlebt man? Eine dritte Antwort gaben die „Essener": Man ziehe sich aus allem heraus, auch aus dem normalen wirtschaftlichen und regionalen Zusammenhang, in dem die anderen blieben. Man gehe in die Wüste und lebe dort nach eigenen Gesetzen, klosterähnlich, als ein Verband von Mönchen mit angeschlossenen Laien. Ob sie tatsächlich mit dem Wüstenkloster Qumran am Toten Meer in Verbindung zu bringen sind, erscheint inzwischen fraglich. Dass Jesus selbst ihren Kreisen angehört habe, dürfte widerlegt sein. Freilich gab es im ganzen Land eine Art essenischer Peripherie, Sympathisanten also ihres Versuchs.

Wie kann dieses Volk noch ein Zukunft haben?, fragte eine vierte Gruppe: die „Zeloten". Indem man widersteht und zwar mit allen Mitteln, auch wenn man keine Chance hat, den Feind aus dem Land zu jagen. Sie wollten ein freies Israel, das aber war nach ihrer Meinung nur zu erreichen durch einen rücksichtslosen Partisanenkrieg, durch eine „Intifada", sagen wir heute. Man nannte sie auch „Sikarier", nach dem lateinischen Wort sica, dem Dolch, den sie im Gewand trugen. Sie galten als die eigentlichen Nationalhelden. Nicht selten endeten sie am Kreuz, und sie waren darauf gefasst und darauf vorbereitet, diesen Tod zu erleiden. Manches, was Jesus über das „Aufsichnehmen des Kreuzes" oder auch über Gewaltbereitschaft und Gewaltverzicht gesagt hat, ging in Richtung auf diese Partei, die wohl auch im Jüngerkreis durch den einen oder anderen vertreten war.

Man mag zu diesen vier Gruppen noch die der „Ebionim" oder „Anawim" als fünfte hinzuzählen. Sie waren die „Armen" im sozialen wie im geistigen Sinn, die von Priestern wie von Pharisäern verachteten „Leute vom Lande", wie man sie nannte, die ohne Schulbildung heranwuchsen, die vom Gesetz der Juden keine

Kenntnis und an seiner Erfüllung kein Interesse hatten. Es waren die „Armen", die Jesus vor Augen hatte, wenn er sagte, er sehe sie vor sich wie Schafe, die keinen Hirten haben, verlassen und verwahrlost. Sie dürften die gewesen sein, die unter den Brutalitäten jener Zeit am wehrlosesten zu leiden hatten. Von ihnen ist in Johannes 7, 49 die Rede, wenn dort ein Pharisäer sagt: „Verflucht sei dieser gottlose Pöbel, der das Gesetz nicht beachtet. Nur er ist es, der Jesus anerkennt."

Zu ihnen mag man eine andere Gruppe von Ausgegrenzten zählen: Die „Samaritaner" oder „Samariter", die im 7. Jahrhundert vor Christus als Angehörige eines fremden Volks von den Assyrern in die Mitte des jüdischen Siedlungsgebiets verpflanzt worden waren und die von den Juden nie als ihresgleichen angesehen wurden. Sie wollten Juden sein, aber sie hielten sich wie die Sadduzäer nur an die Tora im engeren Sinn, die fünf Bücher Mose, und sie hatten ihr Zentrum nicht in Jerusalem, sondern auf dem Berg Garizim beim heutigen Nablus, dem alten Sichem. Jesus selbst hatte ein zwiespältiges Verhältnis zu ihnen: Zum einen wies er seine Jünger an, mit ihrer Botschaft nicht zu den Samaritern zu gehen, zum andern hob gerade er die übliche Distanz zu ihnen so sehr auf, dass er einen Samariter in seinem Gleichnis zum Muster eines liebenden Menschen machen konnte.

Dazu kommt noch die Gruppe, die das Neue Testament die „Herodianer" nennt (Markus 3, 6), der Hof des Herodes Antipas in Tiberias und seine Beamten im Land, von denen gesagt wurde, sie trachteten Jesus nach dem Leben. Von diesem Herodes spricht Jesus als von einem „Fuchs", und er meint nicht den Listigen, sondern das Raubtier; die Pharisäer nannten ihn einen „Narren", und sie meinten damit einen Bösewicht.

Zwischen all diesen Gruppen hat Jesus sich bewegt. Mit allen hatte er zu tun, im guten wie im gefährlichen Sinn. Eine sehr eigene Position aber innerhalb des sozialen und religiösen Gefüges nahm eine Einzelgestalt ein: der prophetische Prediger Johannes, den wir den „Täufer" nennen und in dessen Umkreis wir Jesus zum ersten Mal wahrnehmen. Dieser Johannes gehörte – wie auch die Essener, Jesus selbst und viele Pharisäer – jener breiten Strömung an, die man bisher, ohne sie genau fassen zu können, die „jüdische Apokalyptik" nannte. Das war jenes endzeitliche Denken, das die Gegenwart als die Zeit einer Krise sah, die Zukunft als eine Folge von Katastrophen und das Ende der Geschichte als ein göttliches Gericht, dem zuletzt für die Gerechtgesprochenen die Herrlichkeit des Gottesreichs folgen sollte, das den Mächten der Erde das Ende, den Treuen aber den Frieden und die Gerechtigkeit bringe. Im Mittelpunkt dieser Vorstellungen war eine Gestalt gedacht, die all das repräsentierte und bewirkte, eine Heilbringergestalt, die man den Messias nannte, den Gesalbten Gottes, der mit königlicher oder priesterlicher Würde ausgestattet war, und die ganze Wachheit derer, die so auf das Ende der Dinge hin lebten, galt ihr. Woran würde man ihn erkennen, wie würde er auftreten, als religiöse Gestalt oder als politische? Man dachte beides. Und so wurde auch an Johannes die auf diese Gestalt hin gezielte Frage gestellt: Was sagst du von dir selbst, wer du bist? Und an Jesus stellt Johannes seinerseits die Frage: Bist du der, der kommen soll, oder sollen wir auf einen anderen warten? Johannes selbst sah sich, jedenfalls in der Sicht der christlichen Berichterstatter, als Vorboten, als Ankündiger, dessen Aufgabe darin bestand, Menschen zu gewinnen, die bereit waren, diesen „Messias" oder „Christus" bei seinem Kommen zu empfangen und bei seinem Werk zu unterstützen. Zur Vorbereitung reinigte er sie mit einer Taufe im Jordan.

Eine gewisse Zeit lang muss Jesus sich in seinen jüngeren Jahren im Umkreis des Johannes aufgehalten haben. Er wurde von ihm getauft, war also sein Anhänger, und er trennte sich später von ihm, als er seine eigene Arbeit aufnahm. Das muss nicht im Streit geschehen sein; es geschah wohl einfach deshalb, weil Jesus sich zu seinem eigenen Auftrag berufen wusste und weil er sich in vielem von Johannes sehr unterschied. Johannes war ein Asket, der weder Brot aß noch Wein trank. Jesus aber ließ sich um der fröhlichen Gastmahle willen, die er mit den Armen von Galiläa feierte, einen „Fresser und Weinsäufer" schelten. Johannes war ein strikter Moralist, Jesus war die Gemeinschaft mit den um ihrer Unmoral willen Ausgegrenzten wichtiger als die Moral; er galt als „der Sünder und Zöllner Geselle". Auch einige aus dem Kreis der Jünger scheinen ursprünglich zum Jüngerkreis des Johannes gehört zu haben und später zu Jesus übergewechselt zu sein.

Wofür wollte Jesus eintreten?

Unmittelbar nach seiner Taufe durch Johannes zog sich Jesus in die Wüste zurück. Dort begegnete er, so hören wir, dem Teufel. In seinem Redewechsel mit ihm ging es um die Art und die Vollmacht, mit der er sein Werk tun, und um die Mittel, deren er sich dabei bedienen wollte. Es ist die berühmte Geschichte von der „Versuchung" (Matthäus 4, 1–11).

Es ist nicht anzunehmen, sie habe sich so, wie sie berichtet wird, an einem bestimmten Tag abgespielt, und auch nicht, die Evangelisten hätten sie sich so vorgestellt. Nein, in solche Erzählweise fasste man von jeher Vorgänge, die sich ständig während eines Lebens wiederholen, die man aber nicht immer wieder neu schildern wollte. In ihr formulierte man, was ein Leben lang sich abspielt, was ein Leben lang erfahren oder erlitten wird, was immer wieder geschieht oder droht. Denn das dürfte die Frage gewesen sein, mit der Jesus sich während der ganzen Zeit seines öffentlichen Wirkens täglich auseinanderzusetzen hatte: Was will ich tun mit den Kräften, die mir gegeben sind? Als wer oder was will ich von den Menschen angesehen sein? Welche Hilfen will ich ihnen schaffen? Welche Ziele lohnen den Einsatz meines Lebens? Was will Gott von mir? Und was will eigentlich ich selbst? Und diese Fragen waren ständig begleitet von der Versuchung, die konkretere Hilfe zu leisten oder seine Vollmacht so zu beweisen, wie die Menschen sie verstehen konnten und sich am Ende als König einsetzen zu lassen. Denn dass Jesus nicht in einem einzigen Anlauf diese Versuchungen überwunden und hinter sich gelassen hat, die der „Satan" ihm in den Weg legte, wird sehr deutlich beim letzten Abendmahl, als er seinen Jüngern für ihre Treue mit den Worten dankt: „Ihr habt bei mir ausgeharrt in meinen Versuchungen" (Lukas 22, 28)! Was der Teufel ihm vorschlug, dürfte ihn die ganze Zeit seines Wirkens über begleitet haben: Müsste es angesichts des Elends und der Armut im Lande nicht darum gehen, dass ich den Hungernden überall in den Hütten Brot schaffte? Wenn ich doch im Auftrag Gottes und an seiner Stelle handle – müsste dann nicht die soziale Gerechtigkeit mein erstes Ziel sein? Oder: Wie könnte ich erreichen, dass die Menschen die Dringlichkeit begreifen, mit der mein Wort sie sucht und treffen will? Wie könnten sie das Einzigartige der Liebe Gottes, seine Werbung um ihre Herzen besser begreifen, als sie es tun? Müsste ich nicht Wunder über Wunder tun? Müsste ich nicht ihre Augen öffnen für die größere Wirklichkeit, von der ihre kleine Welt umgeben und durchdrungen ist? Vielleicht nicht gerade von den Mauern des Tempelplatzes frei in die Tiefe fliegen, aber Dinge tun, durch die sie erkennen, wer ich bin und wie wichtig das ist, was ich zu sagen und zu bringen habe? Denn sie sollen doch Hoffnung fassen in ihrer tristen Lage, Hoffnung auf ein Gottesreich, das anders ist als alle Reiche dieser Erde?

Und wenn das alles fehlschlüge? Wenn sich beides, der Traum von der Gerechtigkeit für die Armen oder der Traum vom kommenden Gottesreich als illusorisch erweisen sollte – was könnte ich dann tun? Diese Menschheit versteht vor allem die Sprache der überlegenen Macht. Sie versteht den Aufmarsch militärischer Kolonnen, aber nicht die sensible Wahrheit von Zielen, die ohne Gewalt zu erreichen sind. Sollte ich das Schwert nehmen, mir die

Mittel der Machtpolitik aneignen, die Phrasen der politischen Leitwölfe übernehmen und die Massen begeistern für ein irdisches Reich, das alle ihre Probleme auf einmal löst? Nein, die „Versuchung durch den Teufel" ist nicht einmal geschehen und war dann abgeschlossen, sie hat Jesus vielmehr durch seine ganze Wirkungszeit begleitet.

Ähnliche Entscheidungsfragen wie die, die Jesus bedrängten, trafen auch Buddha oder Zarathustra. Und ähnliche Fragen stehen vor jeder Kirche heute: Was ist wichtig? Unsere gesellschaftliche Geltung? Unsere sittlichen Werte? Unsere sozialen, unsere kulturellen Leistungen? Unsere Unentbehrlichkeit für den Staat, in dem wir zu leben haben? Oder unser Auftrag am Wort Gottes in seiner ganzen, nirgends populären Unbedingtheit?

Wenn wir danach das Vaterunser verstehen wollen, so muss unser Augenmerk darauf gerichtet sein, dass Jesus die drei Fragen des Teufels mit einem dreifachen „Dein" beantwortet: Dein Name soll mir heilig sein. Dein Reich ist das einzig Wichtige. Dein Wille ist das einzig Maßgebende. Und wir dürfen annehmen, dass ihm solche Antwort nicht einfach als höfliche Anrede an Gott von den Lippen gegangen ist, sondern als je neue harte Entscheidung an jedem Tag seines Wirkens.

Und vielleicht finden wir von hier aus auch Zugang zu den offensichtlichen Widersprüchen in seinem Leben und seinen Worten. Ich vermute, dass die Irrwege, die ihm der Teufel zeigt, nie ein für allemal ausgeschlossen und vermeidbar waren, als Jesus nach Galiläa ging, sondern dass ihn die Auseinandersetzung mit der Verständnislosigkeit und der Feindseligkeit vieler Menschen unter seinen Zuhörern immer wieder an den Rand solcher Alternativen brachte. Es könnte sein, dass sich Spuren davon immer wieder zeigen.

Eben noch hat er die Menschen an jenem Abend an den Hängen des Golan satt gemacht, dann aber stößt er sie vor den Kopf mit der ihnen völlig unverständlichen Umdeutung dieses Brots auf sich selbst: „Ich bin das Brot, das das Leben gibt. Wer zu mir kommt, den wird nicht mehr hungern" (Johannes 6). Und sie gehen kopfschüttelnd davon. Da hat er eben das Wunder einer Heilung vollbracht, da geißelt er seine Zuhörer mit dem Vorwurf, sie wollten Wunder sehen, es gehe aber nicht um Wunder. „Böse sein, die Ehe brechen und gleichzeitig nach überirdischen Wundern verlangen, das sieht euch ähnlich!" (Matthäus 12, 39). Da hat er gesagt: „Widersteht nicht dem Bösen" und „Wer das Schwert zieht, der wird durch das Schwert umkommen", und ein andermal sagt er: „Wer keine Waffe hat, verkaufe seinen Mantel und kaufe ein Schwert"; und er zeigt sich befriedigt darüber, dass zwei Schwerter zu seinem Schutz und dem Schutz der Seinen vorhanden sind (Lukas 22).

Nein, Jesus war „kein ausgeklügelt Buch", sondern ein Mensch mit seinen inneren Mühen und Zweifeln, ein Mensch, der ständig vor der Notwendigkeit stand, die jetzt richtige und angemessene Entscheidung zu treffen. Die Versuchung durch den „Teufel" dürfte ihn wohl oft berührt haben.

Aber das ist, fürchte ich, noch nicht das Ganze. In solchen idealen Szenen wie der Versuchungsgeschichte geht es stets um eine Steigerung vom ersten zum zweiten, und vom zweiten zum dritten Schritt. Wir kennen das aus unzähligen Märchen. Erst der dritte bringt das wirkliche Problem oder die richtige Lösung. Nun beobachten wir aber, dass diese Reihenfolge in Matthäus 4 und in Lukas 4 nicht dieselbe ist; dass die zweite und die dritte Versuchung vertauscht sind. Lukas bringt erst die Versuchung mit dem Brot, dann die mit der politischen Macht, und als dritte erst den Sprung von der Tempelzinne in die Tiefe. Was also ist dann die letzte und härteste Versuchung, mit der Jesus zu tun hat? Der Ausweis der Fähigkeit zur Zauberei allein kann es nicht sein. Die war bereits im ersten Redewechsel abgeschmettert. Nein, es muss etwas anderes gemeint sein.

Was ich jetzt darüber sage, ist meine Vermutung. Es ist mir dennoch wichtig, weil es auf das Bewusstsein Jesu und sein ganzes öffentliches Wirken ein scharfes Licht werfen könnte, wenn es zuträfe. Wer wie Jesus seinem Volk einen heilvollen Weg zeigen will und zugleich weiß, dass dieses Volk ihn nicht gehen wird, wer so über die ganze Zeit seines Wirkens gegen den Unverstand kämpft, wer so mühsam immer nur kleine Schritte tun kann und weiß, dass er sie alsbald wieder zurücknehmen muss, wer so genau sieht wie Jesus, dass ihm ein täglich wachsender Hass entgegenschlägt und aller Einsatz und alle Liebe vergeblich bleiben werden – wer andererseits weiß, dass seine Zukunft letztlich ganz anderswo liegen wird als auf dieser Erde und zwischen ihren Mächten, wer weiß, dass es eine Heimkehr zum Vater geben wird – wie sollte der nicht täglich nach dieser Alternative Ausschau halten, den Ausweg suchen aus Unheil und Gefahr und Vergeblichkeit? War es nicht vielleicht doch die Stimme nicht des Teufels, sondern Gottes, des Vaters, die ihm sagte: „Spring von der Zinne des Tempels"? „Ich werde meinen Engel senden; du wirst deinen Fuß nicht an einen Stein stoßen"? Spring! Die ganze Mühsal wird von dir abfallen! Im selben Augenblick wirst du bei mir sein? Mir scheint es jedenfalls durchaus vorstellbar, dass die Möglichkeit, den großen Ausweg in die Freiheit über den eigenen Tod zu suchen, Jesus mehr bedrängt hat als die Chance der Weltherrschaft ihn faszinieren konnte.

Und so sehe ich ihn durch die Dörfer Galiläas wandern. Ich höre ihn angesichts der Hoffnungslosigkeit seines Bemühens ausrufen: „O diese Menschheit! Unfähig zum Glauben! Verwirrt und verbohrt! Wie lange soll ich noch bei euch sein? Wie lange soll ich euch noch tragen?" (Matthäus 17, 17). Und ich höre, wie er auf sein kommendes Leiden hinweist und Petrus ihn beschwört, diesen Weg doch ja nicht zu gehen. Da steht Jesus ihm gegenüber wie dem Teufel in der Wüste und fährt ihn an: „Verschwinde, du Satan! Du Versucher! Du bist mir im Weg!" Und den übrigen Jüngern zugewandt, fährt er fort: „Wer zu mir gehören will, der denke nicht an sich selbst und sehe von seinem eigenen Leben ab. Er nehme den Kreuzbalken, an den sie ihn hängen werden, auf seine Schulter und folge mir nach." Hatte Jesus nicht beide Tode vor Augen: Den, der ihm drohte und den, der ihn verlockte? Wäre es nicht erlösend gewesen, „auszusteigen" und sich dem Sog des selbstgewählten Verschwindens zu überlassen?

Natürlich weiß ich nichts darüber. Ich taste mich nur durch bis an eine mir wesentlich scheinende Stelle, denn könnte durch solche Überlegungen nicht vieles, das er sagte oder tat, an Tiefenschärfe gewinnen? Galt es für ihn nicht täglich, den Auftrag, der ihm zugemutet war, den Pflug sozusagen, mit dem er dem Gottesreich den Boden bereiten sollte, neu anzufassen, und nicht hinter sich oder seitab zu blicken, sondern geradeaus, wo der Tod war? Hat Paulus nicht mit derselben Alternative zu tun gehabt, als er sagte: „Ich wollte nichts lieber, als sterben und bei Christus zu sein, denn das wäre bei weitem das Beste; aber euretwegen ist es besser, ich bleibe hier"? (Philipper 1, 21–24). Die Alternative zu dem mühelosen Sprung vom Tempel in die Tiefe war der mühsame Weg durch Schmerzen und Verlassenheit, und eben ihn ging Jesus mit vollem Bewusstsein und in ganzer Freiheit.

Und später? Wie ist es denn zu beurteilen, wenn im 4. Jahrhundert nach unserer Zeitrechnung das Christentum in Gestalt von christlichen Kaisern die Weltherrschaft antrat? War es die Stimme Gottes oder vielleicht eine ganz andere, die dem Kaiser Konstantin vor der entscheidenden Schlacht das Kreuz zeigte und sagte: „In diesem Zeichen wirst du siegen!"? Nein, die Sache mit der Versuchung durch den Teufel ist wahrhaftig kein Märchen, das man Kindern erzählt, sondern brutale und weiterdauernde Wirklichkeit.

IV

WIE ER MIT DEN MENSCHEN UMGING

Er stand im Boot und erzählte Geschichten

Woran also erinnern sie sich, die Frauen und Männer jener begeisterten Gruppen, die in der ersten Generation nach Jesus durch das Land zogen, von Dorf zu Dorf, mit der Überzeugung, sie dürften nicht davon ablassen, das Große, das sie erlebt hatten, an alle weiterzugeben, denen sie begegnen würden? Was stand ihnen vor Augen?

Das Bild zum Beispiel, wie ein zunächst unbekannter junger Mann auf einem Markt stand und zu den Menschen sprach. Wie da ungewohnte Dinge zu hören waren, neue, andere, als die man sonst hören konnte, und wie die Menschen dastanden, näher kamen, wie sie aus allen Gassen drängten, und der einsame Mann Geschichten erzählte, einfache Geschichten von Fischern und Bauern, von Hirten oder von Hausfrauen, und sie begriffen: Der redet von uns! Der redet von unserem Elend und von unserer Hoffnung, der redet von dem, was sein könnte und was nicht ist, der redet dabei von einem anderen, besseren, schöneren Leben mitten in unseren miserablen Verhältnissen. Der verlangt, dass wir nicht immer nur an das denken, was wir erleiden oder was wir mühsam zuwege bringen, sondern an etwas, das kommt.

Sie erinnern sich an die Szenerie: An jenes Land mit dem wunderbaren blauen See, mit seinen fruchtbaren Tälern, mit dem Ackerland an den Hügeln und mit dem steppenhaften Grasland. An die Boote der Fischer, an die bescheidenen Dörfer, an die Herden von Schafen und Ziegen. Und sie erinnern sich, wie er immer wieder an einer anderen Stelle erscheint, dasteht, redet, mit den Menschen spricht, und wie ihn die einen umjubeln, die anderen ihn angreifen. Wie sie ihn fragen: Was hast du zu bringen? Weißt du einen Weg aus unserem Unglück? Können wir den gehen? Wenn du etwas zu sagen hast, dann sag es!

Sie erinnern sich an den Alltag. Alles geht seinen gewohnten Gang. Die Männer stehen in den Booten und flicken ihre Netze, die Kinder spielen am Ufer, die Frauen sitzen vor ihren Feuerstellen, die Händler lärmen auf dem Markt. Da geht dieser Mann das Ufer entlang und bleibt stehen. Sieht zwei Männer im Boot. „Kommt!", ruft er hinüber. „Was fangt ihr Fische? Es gibt Menschen, denen das Wasser bis zum Hals steht. Holt sie heraus! Ich brauche euch!" Die Männer schauen, starr und reglos, dann kommen sie. Lassen ihr Boot. Steigen aus. Gehen mit. Und die Leute am Hafen staunen: Na, so was! Dann, als die Menge sich an der Anlegestelle drängt, bittet er den einen von den beiden: Lass mich in dein Boot treten! Am Ufer stehen sie zu dicht, da kann ich nicht sprechen. Und er fährt ein paar Meter vom Land und spricht vom Schiff aus.

Und so steht er im Boot oder ein andermal auf einem Markt oder auf einem einsamen Berg und erzählt: Denkt euch einen Hirten. Denkt euch einen Bauern. Denkt euch eine Hausfrau. Denkt euch einen Großgrundbesitzer. Denkt euch einen Familienvater. Und in seinen Geschichten deutet er ihnen, was in ihrem Leben geschieht, was sie erfahren, was sie erleiden, was sie hoffen können, was sie tun und ändern können. Er zeigt ihnen, was aus ihnen selbst werden kann. Er zeigt ihnen eine Zukunft, in der es möglich ist zu leben. Er erzählt seine Geschichten in Bildern. Die hören sich wie Märchen an, aber die Sprache der „Märchen" eignet sich bis zum heutigen Tag in einem sehr tiefen Sinn zur Sprache der Wahrheit.

Sie erinnern sich an einsame Plätze, an die sie ihm nachgingen, auf einen der Hügel am See zum Beispiel, wo er sich auf einen

Stein setzte und zu ihnen redete. Wie er sagte: Schaut hinauf in die Berge! Dort liegt Safed! Tausend Meter über eurem Tal. Eine Stadt, die in der Sonne liegt und herabglänzt. So müsst ihr leben. Nicht in euer Elend geduckt, sondern frei und aufrecht, und ihr müsst sagen und zeigen, was die Hoffnung ist, in der ihr lebt. Ihr könnt das Licht sein, das in diesem Land aufgeht. Glaubt nicht an euer Unglück, sondern an eure Zukunft. Glaubt an das Heil, das kommt! Denn glücklich wird ein Mensch nicht durch das, was er hat, sondern durch das, was er erwartet und was auf ihn zukommt. Erfüllung findet er nicht dadurch, dass es ihm gut geht, sondern dadurch, dass er für die Zukunft nachdenkt, für sie wirkt, für sie arbeitet und sie nicht aus den Augen lässt.

Es ist alles voll Unrecht, voll Gewalt, voll gesellschaftlicher Korruption und Fäulnis. Aber ihr könnt das Salz sein, das der Fäulnis widersteht. Das Salz der Erde. Ihr könnt glücklich sein dadurch, dass ihr für Gerechtigkeit lebt, für eine Gerechtigkeit, die besser ist als das sogenannte Recht der Mächtigen, und die im Frieden und mit friedlichen Mitteln zu gewinnen ist. Ihr seid gewohnt, dass man nicht sagt, was man denkt, dass man täuscht und getäuscht wird, dass man hinter einem Ja immer auch ein verborgenes Nein bereithält und dass man damit sein kleines Glück im Winkel rettet. Nein! Ihr könnt dastehen, klar und eindeutig. Euer Ja kann ein Ja sein, euer Nein ein Nein. Denn ihr seid nicht die Nichtse, als die man euch behandelt. Ihr seid nicht die Geknechteten, die Machtlosen, die Verachteten. Ihr seid die, die das Reich Gottes vor Augen haben. Ihr seid die, in denen es sich spiegelt, und was ihr tut, das wirkt weiter. Auch gegen allen Widerstand, auch wenn keiner es bemerkt. Nichts, was ihr tut, wenn es denn um Gerechtigkeit geht, kann verloren sein. Es bleibt, es wirkt weiter in der geistigen Welt, im Reich Gottes und auf der Erde.

Sie erinnern sich an eine kleine Szene. Jesus in einem Dorf. Um ihn her Kinder und ihre Mütter: Gib ihnen deinen Segen!, bitten sie. Aber ein paar Männer, die ihn begleiten, treiben sie weg: Er hat Wichtigeres zu tun! Aber sie sehen ihn noch vor sich, wie er die Mütter und die Kinder wieder zurückruft und wie er über ihnen einen Segen ausspricht: Seid behütet! Seid gesegnet! Denn Gott liebt euch, und er wird euch durch euer Leben geleiten, auf dem Weg in sein Reich! Und wie er sich dann an die Menschen wendet, und ihnen sagt: Kinder sind nicht nur Anfänger, wie ihr meint. Sie sind im Gegenteil eure Vorbilder. Wenn ihr nicht werdet wie sie, wird das Gottesreich nicht in euer Dorf und in eure Herzen einkehren. Wenn ihr euch nicht Gott zuwendet, so hingegeben wie ein Kind an sein Spiel hingegeben ist, so ganz, dann werdet ihr das Reich nicht wahrnehmen und das leise Wort nicht hören, mit dem Gott euch anspricht. Kinder sind Wesen, die ihre Zukunft vor sich haben. Kraft und Durchsetzungsvermögen sind es nicht, was Kinder in ihr Leben einbringen können, aber sie vertrauen, und wenn alles gut ist, wissen sie sich geliebt. Ihr sucht nach den Riesenkräften, mit denen ihr die Verhältnisse in eurem Land verändern könnt, und seht doch immer, dass ihr sie nicht habt. Wichtiger aber sind die Kräfte, mit denen Gott euch verändern will und mit euch zugleich die Verhältnisse.

Sie erinnern sich, was immer wieder am Ende seiner Reden deutlich war, was ihnen blieb und was sie nun ausrufen wollten auf ihren mühsamen Reisen von Stadt zu Stadt. Das alte Gesetz forderte: Ihr sollt euch einfügen, wo immer im Namen Gottes und seiner Ordnungen gesprochen wird! Ich aber sage euch: Nicht einfügen sollt ihr euch, sondern heraustreten aus dem, was bisher galt! Tut, was aussichtslos scheint! Tut das Unerhörte, das Verwegene! Das Irreguläre! Ihr werdet immer wieder als Außenseiter und Weltfremde diffamiert werden, als religiöse oder politische Anarchisten beschimpft oder auch ganz einfach als Verrückte an den Rand geschoben. Aber ihr werdet tun, was die Zukunft fordert. Auf das, was Gott in der Zukunft vorhat, werdet ihr vorausgreifen. Ich sage nicht, ihr sollt verachten, was bisher gegolten hat. Eure Tradition ist kostbar. Sie ist die Stimme desselben Gottes, der euch heute begegnet. Aber lasst, was vergangen ist, nicht zu einer Last werden, die euch erdrückt und euch hindert an dem, was ihr heute tun könnt.

Aber meint nicht, das sei nun alles groß und schwer und sei eine neue Last, die ihr auf euch nehmen müsst. Was ich euch zeige, ist ein Weg, den ihr als freie Menschen gehen könnt. Euer Leben wird leichter um die Sorge, die ihr weglegt, leichter um den Zwang, der sich von euch löst. Wer auf sein tägliches Überleben allein starrt, lebt schwer. Wer von sich weg zu schauen vermag auf das hin, was zu glauben ist, und wer zu vertrauen vermag, lebt leicht. Ich weiß, ihr lebt mühsam und seid beladen mit allen Sorgen, die sich ein vom wirklichen Leben Ausgeschlossener machen muss. Aber hört mir zu: Was ich euch sage, könnt ihr leisten. Was ich euch auferlege, ist leicht zu tragen.

Und sie erinnern sich, wie sich die merkwürdigsten Leute überzeugen ließen. Am Ortsrand von Kapharnaum war die Zollstelle zwischen zwei verschiedenen Ländern, durch die die große Handelsstraße zum Meer hin führte. Da saß einer, der die Gebühren einzog oder auch mehr, als er eigentlich einziehen durfte. Der da saß, hatte einen guten Job. Er arbeitete für die verhasste Besatzungsmacht. Die Leute fürchteten ihn. Sie verachteten ihn. Aber man sagte nicht laut, was man über ihn dachte. Als Jesus vorbeikam und ihn anredete: „Lass dein Geld. Ich weiß etwas Besseres für dich. Komm mit!", da stand er auf. Er ließ seinen gut bezahlten Platz hinter sich und begab sich in die Ungesichertheit eines Wanderlebens mit dem fremden Mann. Er trat heraus aus dem Schutz der Besatzungsmacht. Nun war er vogelfrei. Nun konnte man ihm allen zurückgehaltenen Hass zeigen. Nun konnte man ihm nachrufen: „Du Schwein!" Aber er ging mit. Was muss dieser Jesus für eine Ausstrahlung gehabt haben!

Er war nicht einzuordnen, dieser Jesus aus Nazaret. Er legte die Bibel aus, aber er tat es anders als die überall tätigen Ausleger. Er redete vom kommenden Gottesreich, aber anders als die Propheten jener Zeit. Er sprach von Freiheit, aber er tat es anders als die Freiheitskämpfer in den Höhlen der galiläischen Berge. Er sprach von Gerechtigkeit, aber er meinte damit etwas anderes als die Rechtsgelehrten seines Landes. Auch in unserem sogenannten christlichen Abendland ist Jesus so leicht nicht unterzubringen. Was er sagte, war schön, war hilfreich und tröstlich, und es war zugleich unerhört hart und kantig. Und es war so, dass es bis heute nur sehr schwer möglich ist, ihm nachzuleben. Er verließ seinen Beruf. Er verließ seine Mutter und seine ganze Familie, wie es auch Gautama Buddha tat oder Franz von Assisi. Aber wer will das von uns verlangen? Als einmal vor dem Haus, in dem er redete, seine Mutter und seine Brüder standen und ihn nach Hause holen wollten, weil sie sagten: „Er hat den Verstand verloren", und man ihm das meldete, da verwies er auf die Menschen, die innen im Haus seine Zuhörer waren: „Meine Familie? Wer ist das? Seht her! Die hier sind meine Mutter und meine Geschwister. Wer tut, was Gott will, der gehört zu mir." Das wird bis heute niemand in einem christlichen Familienprogramm oder in einem christlichen Generationenvertrag unterbringen können. Es passte nicht in seine Zeit. Es passt in keine. Und so hörten sie, die uns berichten, ihn sagen: Meint ihr denn, ich bringe Ruhe? Friede, Freude, Eierkuchen? Stallwärme und Geborgenheit? Nein. Ich bringe Streit. Ich sage nicht: Lasst alles beim Alten. Bleibt schön zusammen in euren Häusern. Bleibt schön untertan eurer Obrigkeit. Bleibt schön dienstbar euren politischen Parteien. Nein, an mir können gewachsene Gemeinschaften auch zerbrechen. Wer mich hört, riskiert die Konfrontation. Er steht auf und geht. Er wagt den aufrechten Gang.

Haben wir Jesus verstanden? Kann es bei dem sanften Bild bleiben, zu dem unsere lange Überlieferung ihn stilisiert hat? Es ist zu befürchten, dass vieles an ihm ganz anders war und ist. So nämlich, dass man auch heute wieder ganz neu von ihm reden muss.

Er feierte seine Feste mit den Armen

Woran erinnerten sie sich, unsere ersten Berichterstatter? An allerlei schockierende Vorgänge, die so eigentlich nicht hätten geschehen dürfen und die doch eben geschehen sind. Da wandert Jesus mit Anhängern und Mitarbeitern durch die Orte seiner Heimat, oben im Bergland, unten am See. Er versammelt eine Runde Menschen um sich, spricht zu ihnen, wendet sich irgendeinem Kranken zu, zieht weiter. Abends kommt er in ein Dorf, Gespräche finden statt, am Ende lädt ihn jemand zum Essen ein. Betritt nun Jesus das Haus eines gastfreundlichen Menschen, so sind seine Begleiter mit eingeladen. Aber darüber hinaus kann es geschehen, dass Leute, die nicht mit eingeladen sind, hereindrängen. Und so füllt sich das Haus auch mit einigen, die bei den Gastmählern der Frommen nicht erwünscht sind: mit Ungebildeten, Tagelöhnern, Kollaborateuren, auch mit sonst allerlei Leuten, die man zu den Gesetzlosen zählte. Dann speist Jesus mit seinen Begleitern, und jedermann hat Zutritt zu seinem Tisch. Aber das ist anstößig, denn Tischgemeinschaft bedeutet eine Ehrung des Gastes. Wer einen Gast einlädt, bietet ihm Frieden an, gewährt ihm Vertrauen, schließt mit ihm Bruderschaft. So ist es im Orient seit Jahrtausenden, so ist es, wo noch orientalisch empfunden wird, bis heute.

Oder anders: Jesus trifft an der Zollstelle den jungen Mann, der im römischen Auftrag dort Dienst tut, ruft ihn; der Mann steht auf und wird sein Jünger. Danach lädt er Jesus zu sich ein, und das Haus füllt sich mit allerlei anrüchigen Leuten, Ungläubigen, Betrügern und Erpressern wie den Zöllnern und anderen. Jesus heißt sie willkommen, und sie essen, trinken und unterhalten sich, das Mahl wird zu einem fröhlichen Fest, und die improvisierte Gemeinschaft der Verlassenen und Ausgegrenzten wird zum Bild eines neu entstehenden geschwisterlichen Gottesvolks. Sie dürfen sein, was sie sind. Sie dürfen sich zeigen. Sie dürfen ein Fest feiern, obgleich sie eigentlich zu grauer Bescheidenheit verpflichtet wären. Sie wissen sich angenommen. Hoffnung erhebt sich aus der erbärmlichen Szene, Zuversicht aus den Lehmhütten und den miserablen Verhältnissen.

An diesen Mahlzeiten muss viel Fröhliches, viel Heiteres gewesen sein. Für Jesus jedenfalls war ein solches Essen eine Art von Hochzeitsfest, das Fest der Hochzeit Gottes mit seinem Volk, das Fest der Errichtung des Gottesreiches unter den Menschen. Er sah sich selbst als den Bräutigam, der die Braut, die Gemeinschaft der Menschen, heimführt. „Hochzeitsgäste können nicht traurig sein, wenn und solange der Bräutigam unter ihnen ist" (Matthäus 9, 15), sagt er einmal. Da ist der Tisch frei für jeden, der mitfeiern will, und da versammelt sich weder die religiöse Elite noch der soziale Abschaum, sondern das Gottesvolk der Reichen und der Armen, der Gerechten und der Ungerechten. Nicht weniger drückten sie miteinander aus als die große Hoffnung auf eine neue, andere Welt. Komm, sagt Jesus, hier, wo wir miteinander feiern, findest du Gott und du findest zugleich deinen Platz unter befreiten Menschen. Denn es geht Jesus nicht um Gesetz und Ordnung, sondern um die Liebe zu denen, die aus Gesetz und Ordnung abgedrängt sind.

Aber nun tritt eine Störung ein. Die Leute aus dem Dorf laufen zusammen und sehen sich die Sache an. „Das darf doch nicht wahr sein, dass der berühmte Mann mit dem Gesindel feiert, von dem wir alle uns so sorgfältig fernhalten!" Es bildet sich eine Front des Widerstandes draußen vor dem Zaun. Und als Jesus sieht, was da vorgeht, geht er hinaus, wie ich mir vorstelle, an den Eingang des Hofs und tut, was man auf einem orientalischen Fest immer tut: Er erzählt eine Geschichte. Und zwar eine Geschichte, in der sie alle vorkommen, die drinnen und die draußen. Es ist die berühmte Geschichte vom „verlorenen Sohn":

„Denkt euch einen Familienvater. Einen Bauern. Der hatte zwei Söhne. Der jüngere von den beiden kam eines Tages zu ihm und forderte: ‚Vater, gib mir das Teil deines Geldes, das mir zusteht. Ich will von meinem Erbe weiter nichts haben.' Der Bauer gab schließlich nach und teilte das Vermögen unter die beiden. Danach packte der Jüngere seine Sachen und reiste in ein fremdes Land. Er suchte das große Abenteuer. In der Fremde aber fing er an, in Saus und Braus zu leben, mit Freunden und Liebhaberinnen sein Vermögen zu verludern. Als er alles verbraucht hatte, kam eine schwere Hungersnot über jenes Land, und er wusste nicht mehr, wovon er leben sollte. Schließlich fragte er einen Bürger von dort, ob er nicht Arbeit für ihn habe, zum Beispiel als Schweinehirt. Und so ging er auf dessen Felder und hütete die Schweine. Er schlief bei den Schweinen, brachte seine Tage bei ihnen zu und ernährte sich bestenfalls von ihrem Futter.

Endlich überlegte er: Das kann doch nicht alles sein! Dafür bin ich doch nicht in das große Abenteuer gegangen. Zu Hause gibt es Brot, während ich hier an Hunger sterbe. Ich will nach Hause gehen und zu meinem Vater sagen: ‚Ich habe unrecht getan. Ich bin nicht mehr wert, dein Sohn zu heißen. Mach mich zu einem deiner Knechte!‘ Und er ließ den Schweinestall hinter sich und begab sich auf die Heimreise. Als er sein Elternhaus von weitem sah, erblickte ihn auch schon sein Vater. Dem tat es weh, ihn so zu sehen, so abgerissen und elend, und er tat ihm leid. Er lief ihm entgegen, fiel ihm um den Hals und küsste ihn. Der Junge wehrte sich: ‚Ich habe mein Leben verpfuscht. Ich bin nicht mehr wert, dein Sohn zu sein. Mach mich zu einem deiner Tagelöhner.‘ Aber der Vater ließ ihn kaum ausreden und rief: ‚Schnell, bringt das beste Kleid und legt es ihm an! Gebt ihm einen Ring an seinen Finger und Schuhe an seine Füße zum Zeichen, dass er noch mein Sohn ist. Bringt auf den Tisch, was das Haus hat. Schlachtet das gemästete Kalb und laßt uns essen und fröhlich sein. Denn dieser hier, mein Sohn, war tot und ist wieder lebendig. Wir hatten ihn verloren und haben ihn wiedergefunden.‘ Und sie feierten ein großes, ein rauschendes Fest!

Der ältere Sohn aber, der zu Hause geblieben war, war eben auf dem Feld. Als er kam und auf das Haus zuging, hörte er Musik und Reigentanz. Da rief er einen der Knechte und fragte: ‚Was soll das bedeuten?' Der antwortete: ‚Dein Bruder ist zurückgekommen. Da hat dein Vater das gemästete Kalb geschlachtet, weil er ihn gesund wieder hat.' Da wurde der ältere Bruder zornig und wollte nicht hineingehen. Ausgerechnet für den! Ein Fest! Der Vater sah ihn von drinnen, kam heraus und bat ihn: ‚Komm herein!' Er aber antwortete: ‚Das musst du verstehen! Ich arbeite für dich so viele Jahre. Für mich hast du nie ein Fest gegeben oder für meine Freunde. Jetzt aber, da er, dein Sohn, kommt, der sein Geld mit den Huren verludert hat, schlachtest du das gemästete Kalb.' Der Vater antwortete: ‚Kind, du bist immer bei mir. Alles, was mir gehört, gehört auch dir. Es ist aber wichtig, dass wir ein Fest feiern und uns freuen, denn er, dein Bruder, war tot und ist wieder lebendig. Wir hatten ihn verloren und haben ihn wiedergefunden'" (Lukas 15,11–32).

Ich stelle mir vor, dass Jesus den Leuten draußen wie jener Vater dem ältesten Sohn zurief: „Kommt herein!", und dass keiner kam. Dass er ihnen die Hand bot und keiner einschlug. Und dass Jesus wieder hineinging, traurig, zu dem Fest der Armen, die die Hochzeit Gottes mit den Menschen feierten, ihre eigene Heimkehr in das Haus des Vaters.

Aber wer war eigentlich mit dem „verlorenen Sohn" gemeint? Manche unter den frommen Juden damals sagten: Das Reich Gottes kommt, wenn ein einziges Mal alle Juden das Gesetz erfüllen. Wer also verhinderte das Reich Gottes? Es waren die, die das Gesetz nicht erfüllten, teils weil sie es nicht kannten, teils weil sie nicht konnten, teils weil sie nicht wollten. Es war jener „Pöbel vom Land", der „am haarez", der das Gesetz nicht kannte (Johannes 7,49). Die Zöllner zählte man dazu, die Schweinehirten – der verlorene Sohn diente als Schweinehirt –, auch Kranke und Behinderte, die Dirnen, die man zwar benützte, aber verabscheute, die Armen, jene Anawim, die sich als Tagelöhner verdingten, die Verschuldeten, also Leute, von denen viele sich zu Tode schufteten, um überhaupt leben zu können. Aber letztlich gehörten auch die Frauen und die Kinder zu ihnen. Der jüdische Religionsphilosoph Schalom Ben-Chorin (1913–1999) erzählt, es habe Schriftgelehrte gegeben, die eine Heirat zwischen einem der Ihren und einem Mädchen aus dem am haarez verboten, weil eine solche Heirat dasselbe sei wie Unzucht mit Tieren.

Nun wendet sich Jesus nicht ausschließlich, aber mit deutlicher Vorliebe jenen Armen am Rand seines Volks zu, und zwar deshalb, weil er das ganze Israel will, nicht nur seine Elite, sondern das schwesterlich-brüderlich verbundene Volk. Er unterscheidet nicht zwischen Würdigen und Unwürdigen und feiert mit allen die Hoffnung auf das kommende Gottesreich. Und diese Feste waren so gesellig und so fröhlich, dass sie bei den Bedächtigen unter den Zuschauern Anstoß erregten. So sagte man: „Seht den Menschen! Ein Fresser und Weinsäufer! Ein Kumpan von Ausbeutern und Gesetzlosen!" (Matthäus 11, 19). Und dahinter stand: So einer will ein Prophet sein!

Was aber musste sich an den Gästen zuvor ändern? Nichts. Sie mussten nur eben der Einladung Folge leisten. Keiner musste eine Beichte ablegen. Keinem musste seine Schuld eigens vergeben werden. Vielmehr war er eben eingeladen. Mit der schlichten Tatsache, dass Jesus zu ihm sagte: „Du gehörst zu uns", oder „wir feiern miteinander" oder „es ist alles gut", „komm und iss!", war Tischgemeinschaft gestiftet. Und in sie bezog er auch die Frauen ein. So segnete er auch die Kinder. Später sagte Paulus im selben Sinn: „Bei uns gibt es nicht mehr Juden oder Nichtjuden, Sklaven oder Freie, Männer oder Frauen. Sie sind vielmehr alle eins in Christus" (Galater 3, 28).

Und wenn einer ihm sagte: Aber der doch nicht! Oder die! Dann erzählte Jesus wieder die kurze Andeutung einer Geschichte: „Ich kann mir nicht denken, dass einer unter euch anders verfährt als jeder Schafhirt. Nehmt an, er hat hundert Schafe. Eins davon läuft ihm weg. Er lässt auf der Stelle die neunundneunzig allein und macht sich auf die Suche nach dem einen verlorenen. Er geht ihm nach, bis er es findet. Wenn er es gefunden hat, nimmt er es auf die Schulter und freut sich, und wenn er nach Hause kommt, ruft er seinen Freunden und Nachbarn zu: Freut euch mit mir! Ich habe das Schaf wieder, das weggelaufen war! Ich sage euch: So freut man sich im Himmel über jeden einzelnen Gottlosen, der zu Gott umkehrt, mehr als über neunundneunzig Fromme und Gerechte, die eine Umkehr, eine Änderung ihrer Gedanken und ihrer Lebensführung, scheinbar nicht nötig haben" (Lukas 15, 4–10).

Für Jesus war die Einbeziehung einzelner Menschen nicht das Ganze. Ebenso dringend nötig war in seinen Augen die Heilung der Risse und Brüche in den Dorfgemeinschaften, in den religiösen Gruppen und Parteien, im gemeinsamen Leben überhaupt. Vor seinen Augen bröckelte eine ganze Schicht vom heiligen Volk ab: Dirnen, Zuhälter, Opportunisten, Betrüger und Erpresser, aber auch machtgierige Herren, Reiche und Regierende. Die Gesetzlosen stürzten ins Bodenlose, und die Hüter des Gesetzes erhoben sich über sie im Namen einer scheinbar heilen Ordnung.

Er aber suchte das geschwisterliche Volk. Er stieg die lange Wendeltreppe hinab zu den Verrufenen, den Ausgegrenzten. Ich höre Jesus sagen: Ich bin nicht interessiert daran, mein Gesicht zu wahren, wohl aber das Gesicht aller Menschen. Ich bin nicht an meiner Freiheit interessiert, wohl aber an der Freiheit aller. Ihr sucht einen Prediger, der euch bestätigt, euch und eure sozialen Abstufungen, und messt die Nähe zu Gott, die einem Menschen zukommt, an Gesetzen und religiösen Ordnungen, an eurem Bild von Frömmigkeit, an euren Vorstellungen vom elitären Einzelnen. Aber für mich geht das gemeinsame Leben vor der Selbstverwirklichung der Besonderen, und das Einstehen des einen für den anderen vor dem Glück der Stärkeren.

Für Jesus selbst freilich war diese Nähe zu den Armen eine akute Gefahr, denn damals galt auch umgekehrt: Wer mit Gesetzlosen umgeht, wird dabei selbst zu einem Gesetzlosen. Wenn aber ein Gesetzloser gar behauptet, er handle im Auftrag Gottes, dann wird er unerträglich. Es ist erwiesen, dass er Gott verspottet, also das Leben verwirkt hat. Und am Ende konnte Jesus seine Liebe zu den Armen von Galiläa nur noch dadurch zum Ausdruck bringen, dass er den Tod des Gotteslästerers auf sich nahm.

Eines Tages war Jesus zu Gast im Haus eines Gerechten. In jener Stadt lebte eine Frau mit schlechtem Ruf. Wir nehmen an, sie sei eine Dirne gewesen. Die hörte, er sei da, nahm eine Alabasterflasche mit Salbe und trat ans Fußende seines Lagers, weinte und fing an, seine Füße mit ihren Tränen zu netzen, trocknete sie mit den Haaren ihres Hauptes, küsste seine Füße und salbte sie. Der Gastgeber sah das, er sah auch, dass Jesus sich alles gefallen ließ, und dachte: „Wäre der ein Prophet, so wüsste er, wer das ist, nämlich eine Gesetzlose."

Jesus wandte sich an ihn: „Simon, ich habe dir etwas zu sagen." Er erwiderte: „Meister, sprich!" Und Jesus fuhr fort: „Ein Geldverleiher hatte zwei Schuldner. Der eine war ihm fünfhundert Denare schuldig, der andere fünfzig. Da sie nicht bezahlen konnten, schenkte er sie beiden. Wer von ihnen wird ihn mehr lieben?" Simon erwiderte: „Ich vermute der, dem er mehr geschenkt hat." „Du hast recht", antwortete Jesus, und, indem er sich der Frau zuwandte: „Siehst du diese Frau? Ich bin in dein Haus gekommen, und du gabst mir kein Wasser für meine Füße. Sie aber wusch sie mit ihren Tränen und trocknete sie mit ihrem Haar. Du gabst mir keinen Kuss. Sie aber küsst unablässig meine Füße. Du gabst mir für mein Haupt kein Öl. Sie aber salbte mit Salbe meine Füße. Ich sage dir: Ihre vielen Sünden sind ihr vergeben, denn sie gibt viel Liebe. Wem wenig vergeben wird, der hat wenig Liebe zu geben." Und zur Frau gewendet: „Dein Glaube ist ein Geschenk Gottes an dich. Geh im Frieden!" Ich kann mir denken, dass die Frau mit einem inneren Jubel zurückging in ihr Haus, an all den Menschen vorbei, die sie verachteten, von einer Zentnerlast befreit, und ich kann mir denken, dass sie ihr Leben neu gepackt hat.

Jesus fragt also nicht: Was ist ihre Schuld? Sondern: Woher kommt ihre Liebe? Antwort: Aus der vergebenden Liebe Gottes. Er schützte seinen guten Ruf nicht. Er ging mitten hinein in den tiefen Schatten, der über der Landschaft einer Seele lasten kann. Er beugte sich hinab in die Dunkelheit und umarmte den von der Dunkelheit verdüsterten Menschen. Er kam aus dem Licht, ging in den Schatten und fürchtete nicht, sich dabei zu verlieren. Er nahm die untere Hälfte der Welt an und machte sie eins mit der Welt Gottes. Denn auch die verrufene Frau soll nun ihre gebundenen, missbrauchten Kräfte einbringen dürfen in das Fest der Söhne und Töchter Gottes.

Übrigens wird von Buddha Ähnliches erzählt: Die Hure Ambapali bestieg eine Kutsche und fuhr, Buddha zu sehen. Sie näherte sich ihm zu Fuß und setzte sich, nachdem sie ihn gegrüßt hatte, in respektvoller Entfernung nieder. „Würde der Herr meine Einladung annehmen, morgen mit mir zu speisen?" Schweigend stimmte er zu.

＊

Und wie steht es mit der religiösen Leistung, die ein Mensch erbringen muss, um von Gott mit Güte belohnt zu werden? Davon erzählt Jesus wieder mit einer seiner Geschichten:

„Ein Grundbesitzer suchte für seinen Weinberg Arbeiter. Er ging in der Morgenfrühe auf die Suche nach Tagelöhnern. Als er mit den Männern einig war, dass sie für den üblichen Taglohn, einen Denar, bei ihm arbeiten wollten, schickte er sie in seinen Weinberg. Als er gegen neun Uhr am Vormittag noch einmal auf den Markt ging, sah er dort andere untätig stehen und wies sie an: ‚Auf! In den Weinberg! Was recht und üblich ist, will ich euch geben!' Und sie gingen. Um die Mittagszeit und nachmittags um drei Uhr ging er noch einmal hin und tat dasselbe. Um fünf Uhr aber, am späten Nachmittag, sah er wieder andere dastehen und fragte sie: ‚Was steht ihr hier den ganzen Tag müßig herum?' ‚Es hat uns niemand Arbeit gegeben', antworteten sie. Da wies er auch sie an: ‚Auf! In den Weinberg!'

Als die Dämmerung hereinbrach, wandte er sich an seinen Verwalter: ‚Rufe die Arbeiter zusammen und gib ihnen den Lohn. Fang bei den letzten an und geh durch bis zu den Ersten.' Da kamen die, die von fünf Uhr nachmittags an gearbeitet hatten, und erhielten jeder den üblichen Taglohn. Als aber die Ersten kamen, meinten sie, sie würden mehr bekommen, erhielten aber, wie alle, den Lohn für einen Tag. Als sie den in der Hand hielten, protestierten sie und hielten dem Besitzer vor: ‚Die hier, die zuletzt kamen, haben nur eine Stunde gearbeitet, und du behandelst sie wie uns, die die Last und Hitze des ganzen Tages getragen haben.' Er aber antwortete einem von ihnen: ‚Mein Freund, ich tue dir kein Unrecht. Bist du nicht mit mir einig geworden, dass du den üblichen Taglohn bekommen solltest? Nimm ihn und geh. Ich will aber dem hier, der zuletzt kam, dasselbe geben wie dir. Oder kann ich mit dem, was mir gehört, nicht tun, was ich will? Siehst du neidisch auf die anderen, weil ich großzügig bin? So werden die Ersten in den Augen Gottes die Letzten sein, und die Letzten werden seine besondere Güte erfahren'" (Matthäus 20, 1–16).

Wird also von Gott ein Unterschied gemacht zwischen denen, die das Gesetz ein Leben lang erfüllt haben, und denen, die nur eben, als sie ein Ruf traf, mitgingen? Das ist doch die für Jesus charakteristische Grundbewegung: Er wendet sich einem Kranken zu, nimmt ihn bei der Hand und sagt: Sei von deiner Krankheit frei! Und der Mensch kann sich bewegen. Einem Menschen, der mit seiner Vergangenheit nicht zurecht kommt, sagt er: Deine Schuld ist dir vergeben! Und der Mensch atmet auf. Und immer geschieht mit der Liebe, die er den Menschen zuwendet, eine Art neuer Schöpfung. Es entsteht ein getrösteter Mensch, ein gesunder, ein freier, ein zuversichtlicher. Jesus sagt: Kommt, ihr Überanstrengten, ihr Belasteten, ihr zu Boden Gedrückten! Was ich euch zumute an Forderungen ist leicht. Dass er es den Menschen zu leicht mache, war denn wohl auch der Hauptvorwurf, der ihn traf. Und auch die heutige Verkündigung wird sich in der Tat darin als jesusgemäß ausweisen, dass sie den Menschen keine neuen Lasten zumutet, sondern ihnen den Heimweg zu Gott leicht macht. Man könnte die Grundbewegung an Weg und Werk des Mannes aus Nazaret so schildern: Er sieht sich als Sohn Gottes, und er geht seinen Weg zu den Menschen, um ihnen diese Gottessohnschaft zu übereignen, das heißt, um sie zu Töchtern und Söhnen Gottes zu machen, was immer sie dafür an Voraussetzungen mitbringen. So sagt völlig mit Jesus konform später der 1. Johannesbrief: „Wir sind Söhne und Töchter. Es ist aber noch nicht erschienen, was es bedeutet, wir seien ihm gleich!" (3, 2). Oder Paulus: „Gottes Geist bezeugt euch: Ihr seid Gottes Kinder" (Römer 8,16). Das heißt: Ihr seid freie Menschen. Ihr seid ein Ausdruck für die schöpferische Liebe Gottes und ihr werdet aus dieser Liebe, die euch umgibt wie ein Haus, nicht mehr vertrieben werden.

Wenn das alles gelten soll, haben wir da noch den langen Weg vor uns über Bewährungen, Opfer, asketische Bemühungen, über viele Stufen auch der Weisheit wie die von Einsiedlern und Mönchen? Nein, sagt Jesus, das Entscheidende tut ihr nicht selbst. Es wird euch geschenkt.

Das alles war die tägliche Arbeit, die unsere Berichterstatter Jesus tun sahen: Dass er den Lastträgern ihre Last abnahm. Dass er ihnen Raum und Zeit gab zum Aufatmen, dass er ihnen Mut gab zum Leben und zur Zukunft. Als Jesus am Beginn seiner öffentlichen Wirksamkeit in Nazaret in der Synagoge auftrat, nahm er eine Schriftrolle und las, was im Buch des Jesaja der Prophet von dem sagt, der im Namen Gottes das Heil und das Wohl der Menschen will:

„Der Geist Gottes treibt mich. Er hat mich beauftragt, den Leidenden Freude zu bringen. Er hat mich gesandt, wunde Herzen zu verbinden, den Gefangenen die Freiheit anzukündigen und den Gefesselten die Erlösung. Die Trauernden soll ich trösten, die in Trauerkleidern gehen in Festgewänder hüllen. Den Schwermütigen, die stumm sind in ihrem Leid, soll ich ein Lied singen, Lobgesang und Dank. Denn Gott hat mich festlich gekleidet. Er hat gesagt: ‚Es ist alles gut zwischen dir und mir.‘ Wie einen Bräutigam schmückte er mich mit einer Krone, wie eine Braut mit dem Brautschmuck. Wie die Erde Getreide hervorbringt und der Garten Früchte, so wächst nun sein Heil" (Jesaja 61, 1–3.10–11).

Und wer an die Stelle dieser Absicht Jesu irgendetwas anderes setzen will, etwa eine Disziplin der Lebensführung oder den Gehorsam gegenüber einer kirchlichen Ordnung, nimmt aus dem, was Jesus uns anbietet, das Schönste, das Herzstück heraus.

Er tat erstaunliche Dinge

Was war ihnen erinnerlich, jenen ersten Berichterstattern, die nach dem Tode ihres Meisters in Judäa, Galiläa und in den umgebenden Ländern unterwegs waren? Es waren immer wieder auch Ereignisse und Vorgänge, für die sie keine Deutung gehabt hatten, damals, als sie geschahen, und für die sie im Rückblick noch immer keine Erklärung fanden. Sie sprachen von wunderbaren Taten, von „Wundern" oder „Zeichen", die Jesus getan habe. Und nach allem, was wir in ihren Berichten lesen, ist Jesus tatsächlich als Heiler aufgetreten. Bei aller kritischen Distanz, die wir gegenüber „Wundern" bewahren müssen und dürfen: Dass Jesus Menschen geheilt hat, scheint mir historisch so gewiss wie etwa, dass er als Prediger aufgetreten sei.

Dass Jesus sich Kranken, Verwirrten und Behinderten liebevoll und barmherzig zugewandt hat und dass dabei immer wieder Heilungen geschahen, scheint mir so charakteristisch für Jesus, dass ich diese Berichte nicht beiseite tun kann und will. Ich sehe ihn, wie er die Hände auf die Augen eines Blinden legt, wie er die zerstörte Haut eines Aussätzigen berührt, wie er dringlich und direkt einen Kranken fragt, ob er denn glauben könne, um ihn danach zu heilen. Immer geht er mit der Hoffnung, einem Vertrauen zu begegnen, auf Menschen zu, und wenn das beiderseitige Vertrauen zusammengeflossen ist, kommt es zu seinem Eingriff in die Krankheit. Und nicht nur die körperlichen, sondern auch die seelischen Leiden und die geistige Verwirrung sind es, die Jesus, indem er durch seine Nähe den Menschen von sich selbst löst und ihn von seiner Angst und seiner Vergangenheit befreit, heilbar macht.

Vielleicht wissen wir Heutigen zu wenig über die hauchfeinen Verbindungen zwischen Seele und Leib eines Menschen, aber es mehren sich die Zeichen, dass Ärzte inzwischen mehr davon verstehen lernen, als der Schulmedizin unserer Tage zugänglich ist. Man beginnt heute zu verstehen, das Materie keineswegs materiell zu verstehen ist. Dass in den Energiefeldern, aus denen die Wirklichkeit besteht, ebenso die natürlichen Kräfte wie auch die Kräfte der Seele und des Geistes wirken. Dass alles in der Welt mit allem verbunden ist wie in einem großen Netzwerk. Dass der Mensch keineswegs als das geistige Haupt der Schöpfung herausragt aus der Natur, sondern in ihr und mit ihr und durch sie lebt in durchgehender Abhängigkeit von ihr. Dass der Mensch sich von der Natur nicht dadurch unterscheidet, dass er Bewusstsein hat, sondern dass die ganze Natur von einem großen Bewusstsein durchdrungen ist, das auch das kleine Bewusstsein des Menschen an seine Arbeit setzt. Für mich ist es nicht das Erstaunliche, dass

Jesus Kranke geheilt hat. Das haben die Schamanen der alten Naturreligionen immer getan. Und wenn es unter ihnen auch Betrüger gab oder wenn andere ihren eigenen Versprechen nicht gewachsen waren, so ändert das nichts an der Tatsache, dass es immer Menschen gegeben hat, die in die sensiblen Zusammenhänge zwischen Geist, Seele und Leib von Kranken und Leidenden heilend eingriffen.

Das Wunder besteht ja nicht darin, dass Naturgesetze außer Kraft gesetzt werden, sondern darin, dass wir Vorgänge schauen, die uns sonst entgehen. Das Wunder verändert nicht die Wirklichkeit, wohl aber die Art, wie wir in die Wirklichkeit blicken. Es führt uns nicht über die erfahrbare Welt hinaus, wohl aber hilft es uns, mit unseren Erfahrungen anders umzugehen. Es sucht nicht unsere Ratlosigkeit, sondern unsere Sensibilität. Und gerade in unserer Zeit einer weltweiten, sehr unsensiblen Zerstörung natürlicher Zusammenhänge wäre eine andere Sicht der Wirklichkeit dringend nötig. Achtsamkeit und Feinfühligkeit könnten sich als die lebensnotwendigen Fähigkeiten kommender Generationen erweisen.

Ebenso wenig hilfreich wie Jesus solche Heilungen abzusprechen wird es freilich auch sein, sie erklären zu wollen. Er hat nie eine Methode vorgeführt, sondern immer nur eine Begegnung zum Anlass genommen, etwas zu tun, was einem Menschen helfen könnte. Wenn Jesus die Menschen sah, die ihm begegneten, taten sie ihm leid, „denn sie waren abgehetzt und heruntergekommen, verwahrlost wie Schafe, die keinen Hirten haben" (Matthäus 9, 36). Und so zog er Tag um Tag weiter und sprach davon, es habe Sinn, der Liebe Gottes zu vertrauen und seiner heilenden Barmherzigkeit. Und zum Zeichen, dass das wahr sei, heilte er. Doch nirgends finden wir bei ihm etwas wie Trance oder Tricks; nichts wirkt trivial. Und diese Heilungen zielten auf mehr als nur auf leibliche Gesundheit. Sie waren „Zeichen" für das, was Gott will und tut. Zeichen sind Hinweise. Wenn Jesus Menschen gesund machte, stelle er gleichsam an die Umstehenden die Frage: Wo wollt ihr denn Gott finden? Gott ist zu sehen in den Gesichtern von leidenden Menschen! Und er ist zu spüren in der Barmherzigkeit derer, denen das schwere Leiden erspart ist.

Und so sah er in seiner Fähigkeit zu heilen keineswegs eine Ausnahmeerscheinung. Als er seine Jünger aussandte, in die Dörfer zu gehen und zu den Menschen vom nahen Gottesreich zu reden, sagt er ihnen ausdrücklich: „Heilt die Kranken! Macht die Aussätzigen gesund! Treibt die Geister der Wirrnis aus!" (Matthäus 10). Er scheint der Auffassung gewesen zu sein, dass ein Mensch, der im nahenden Gottesreich lebt, solche Kräfte hat. Dazu gehört, dass er es immer wieder von sich gewiesen hat, wenn Menschen ihn deshalb plötzlich verehrten, weil er eine Heilung zuwege gebracht hatte. Für die Offenbarung dessen, was er selbst war, hielt er diese Wundertaten gerade nicht für geeignet. Und wenn die Menschen von ihm Wunder verlangten, dann wehrte er sich: Wunder wollt ihr sehen! Der bloßen Neugier werde ich keine Wunder zeigen. Wenn aber, wie in seiner Heimatstadt Nazaret, kein Vertrauen da war, so war er außerstande, „auch nur einen einzigen Machterweis dieser Art zu zeigen" (Markus 6, 5). Für Jesus wie für alle solcherweise Heilenden in der Geschichte der Menschheit war das Heilige zugleich das Heilende. Wer heilen will, ohne sich des Heiligen bewusst zu sein, wird schnell an die Grenze seiner Versuche kommen.

Was also muss in uns selbst geschehen, ehe wir uns sinnvoll mit den „Wundern" Jesu beschäftigen können? Jesus appelliert immer wieder sehr dringlich an unser Wahrnehmungsvermögen: „Wer Ohren hat, höre!", sagt er. „Sieh!", sagt er. „Tu die Augen auf!" Oder: „Wer Augen hat, schaue!" Und wir können ergänzen aus dem, was er sonst getan und gesagt hat: Wer ein Herz hat, liebe!

Wer einen Kopf hat, denke nach! „Hören" ist nicht akustisch gemeint, es bezeichnet die Achtsamkeit eines Geistes und den Willen zu verstehen, was zu hören ist. „Sehen" ist nicht optisch gemeint, es bezeichnet die Bereitschaft, Zusammenhänge zu verstehen, die bislang nicht begegnet sind, von Bildern der Seele aus die Wirklichkeit durchlässig zu machen, und von den Erfahrungen mit den Geheimnissen der Wirklichkeit aus neue Bilder zu sehen. Alle Gleichnisse Jesu haben diesen Sinn. „Lieben" bedeutet nicht so sehr, Gefühle zu entwickeln, sondern bezeichnet den Mut, die eigenen Interessen zugunsten irgendeines Menschen zurückzustellen. Nachdenken heißt nicht rechnen, sondern alle seine Kräfte zu versammeln, um der Wahrheit ansichtig zu werden. Hören heißt hier vor allem auch hören auf das, was jenseits der Worte liegt. Schauen ist Achten auf das, was sich dem normalen Blick entzieht. Lieben ist ein Sich-Zuwenden zu nicht liebenswerten Menschen und ihren Leiden. Nachdenken beginnt mit dem Weglegen dessen, was man zuvor gedacht hat.

Wir müssen endlich begreifen, dass unsere Wirklichkeit Zonen und Bereiche hat, in die wir nicht eindringen. Nicht weil uns bis jetzt die Werkzeuge fehlen, sondern grundsätzlich. Wir sind gewohnt, von einer Außenwirklichkeit zu reden, die wir mit Sinnen und Gedanken verstehen, und von einer Innenwirklichkeit, die sich dem Psychologen erschließt. Aber das ist zu wenig. In diesen beiden Wirklichkeiten finden weder Wunder statt noch Visionen. Mit ihnen sind weder Engel vorstellbar noch eine Auferstehung vom Tode. Wir werden weder sinnvoll von Gott noch von der Vollmacht eines Menschen reden; wir werden weder an den Sinn eines Gebets rühren noch an den eines Glaubens. Gleichnisse wie die von Jesus verlieren für uns ihren hinweisenden Sinn, und Ahnungen, Fernwirkungen und Fernerfahrungen finden allenfalls noch in den Kindermärchen Raum. Nein, es gilt für uns Erben der Aufklärung, wieder sensibel zu werden für die Dinge, die wir erfahren, aber nicht deuten können, die vielleicht durch uns hindurch geschehen können, aber nicht durch uns bewirkt werden. Denn noch einmal: Das „Wunder" besteht nicht darin, dass Naturgesetze aufgehoben werden, sondern darin, dass uns die Augen aufgehen für die größere Wirklichkeit.

Nun geschah aber mit der einen oder anderen Erzählung eines Wunders zwischen seiner unmittelbaren Erfahrung und der Abfassung der Berichte darüber – immerhin vierzig Jahre später – eine Veränderung. Das ist nicht weiter verwunderlich. Es gab Augenzeugen, die erlebten, wie ein Kranker zu Jesus gebracht wurde und wie er aufstand. Schon sie dürften kaum verstanden haben, was da wirklich vorging. Sie staunten. Und was sie erlebt hatten, vergrößerte sich später in ihren Augen. Die Wunder wuchsen immer mehr ins Breite und ins Allgemeine, so etwa, wenn man erzählte, es hätten „unzählige Menschen ihre Lahmen, Verkrüppelten, Blinden, Taubstummen und viele andere" zu Jesus gebracht und sie ihm „vor die Füße geworfen", er aber habe sie alle geheilt (Matthäus 15, 30 und öfter) oder Jesus habe „alle Krankheiten und Leiden im Volk" geheilt (Matthäus 4, 23).

Noch etwas geschah. Wenn die wandernden Prediger in ein Dorf kamen und den Menschen von Jesus erzählten, dann redeten sie etwa auch davon, er sei seinen Begleitern in einem Sturm auf dem Meer erschienen. Natürlich wurden sie sofort gefragt: Wie soll man sich das vorstellen? Und die es erzählten, mussten nun erklären, was ihnen selbst ein Geheimnis war. So fügten sie an: „Gegen Morgen, in der vierten Nachtwache, kam Jesus zu ihnen, indem er auf dem Meer ging" (Matthäus 14, 25). Dass Jesus ihnen erschienen war, das war die reale Erfahrung. Dass er auf dem Meer ging, war die Erklärung. Erfahrungen dieser Art verbinden, was außen und was innen in den Menschen geschieht. Sie kommen von außen, wo Nacht, Sturm und Meer sind. Und sie wecken etwas in den Menschen. Am Ende ist unwichtig, was außen und was innen geschieht. Der Sturm beherrscht die Szene nicht mehr. Es ist eine rettende Macht gegenwärtig. Das Schiff hält stand, der

Morgen kommt und der Mensch macht sein Boot am Ufer fest. Aber die später hinzukommende Erklärung „er ging auf dem Wasser" macht nicht das Wunder begreiflich; sie verstellt es.

Dass die Berichterstatter der Zeit nach Jesus immer wieder in solchen Erklärungsnotstand gerieten, ist nicht verwunderlich. Um so erstaunlicher ist die Zurückhaltung, die sie sich gerade mit Erklärungen auferlegt haben. Wenn sie zum Beispiel erzählten, bei einer Versammlung von fünftausend Menschen an einem einsamen Ort, als nichts zu essen da war, seien für Jesus und seine Jünger nur fünf Brote und zwei Fische zur Verfügung gewesen, die fünftausend aber seien alle satt geworden (so Matthäus 14 und 15, Markus 6 und 8, Lukas 9), so folgt nicht die naheliegende Erklärung, Jesus habe das Brot „vermehrt". Solche Erklärungen wurden erst später versucht, obwohl uns doch deutlich gesagt ist, Jesus habe das Herbeizaubern von Brot für einen Vorschlag des Teufels gehalten. Was aber hat sich wirklich zugetragen? Man kann etwa Folgendes versuchen: Die Menschen sitzen irgendwo auf dem Golan vor Jesus zu Tausenden. Es fehlt an Brot. Unter dem bewegenden Eindruck der Worte und der Gestalt dieses Jesus, der vor ihnen steht und vom Reich Gottes, von der Gerechtigkeit und von der Sorge des einen für den anderen spricht, entdecken die, die Brot bei sich haben, dass dieses Brot auch für den Nebenmann bestimmt ist, und sie beginnen zu teilen. Sie werden alle satt. So mag man erklären. Wichtig allerdings bleibt, dass es solche Erklärungen eben nicht gibt. Unsere Phantasie ist frei, sich etwas auszudenken; die Geschichte selbst bleibt bei der Andeutung einer erstaunlichen, nicht erklärbaren Erfahrung.

Aber das Meiste bedarf einer solchen Deutung nicht. Jesus geht durch ein Krankenhaus in Jerusalem. In den Hallen liegen Kranke, Gelähmte, Matte an Matte. Jesus sieht einen, der achtunddreißig Jahre lang krank gelegen hat. Gelähmt. Er fragt ihn: „Willst du gesund werden?" Der antwortet: „Ich habe keinen Menschen, der mich in das Wasserbecken trägt, wenn das Wasser sich bewegt, und nur dann könnte ich gesund werden." So glaubte man von jener intermittierenden Quelle am Grund des Wassers. „Immer steigt einer vor mir hinein, und nur der erste, der hineinsteigt, wird gesund." Jesus sagt zu ihm: „Steh auf! Nimm deine Matte und geh." Und der Mann steht auf und geht. Noch einmal: Der Kranke sieht Jesus stehen. Er weiß nicht, ob er überhaupt gesund werden will. Er hört: Steh auf! Und er steht auf. Er hört: Du kannst tragen. Und er nimmt die Matte in die Hand. Er hört: Du kannst gehen. Und geht. Einen Augenblick lang steht dieser seltsame, starke, brüderliche Mensch vor ihm, stellvertretend für ihn und zieht seinen schwachen Willen auf sich. Dann gibt er ihn verwandelt zurück, und der Kranke steht auf in der Kraft, die er von Jesus empfängt.

Irgendwo laufen ihm zwei Blinde nach, die schreien: „Ach, du Sohn Davids, hilf uns!" Jesus fragt sie: „Glaubt ihr wirklich, dass ich euch helfen kann?" Sie antworten: „Ja, Herr!" Da rührt er ihre Augen an: „Was ihr glaubt, soll geschehen!" Und ihre Augen gehen auf (Matthäus 9, 27–30). Einer Frau begegnet Jesus, die gekrümmt geht und sich nicht aufrichten kann. „Sei frei von deinem Leiden!", sagt er und legt ihr die Hände auf. Sie fängt an, sich aufzurichten und hebt ihr Gesicht. Was sie in dem Wort „Sei frei von deinem Leiden!" hören kann, das ist: Du darfst da sein. Ich sehe dich. Nimm an, was ich dir gebe. Dehne dich, wachse und gedeihe. Und fürchte nichts.

Dschelaleddin Rumi, der große türkische Mystiker und Dichter des 13. Jahrhunderts, ein Moslem, sagte etwas vom Schönsten, das je über die Wunder Jesu gesagt worden ist:

„Wenn dich jemand fragt:
,Wie hat Jesus die Toten lebendig gemacht?',

dann führe ihn zu mir, gib mir einen Kuss
und sage: ‚So!‘"

Ein Mann wendet sich an ihn: „Meister, ich habe meinen Sohn hergebracht. Er ist von einem bösen Geist besessen. Der reißt ihn zu Boden. Dann hat er Schaum vor dem Mund, knirscht mit den Zähnen und wird starr und steif. Wenn du etwas kannst, dann hilf uns!" Jesus antwortet: „Wer glaubt, kann alles." Da ruft der Vater des Jungen: „Ich glaube, lieber Herr, hilf meinem Unglauben!" Glauben besteht in der brennenden Hoffnung, es möge in dieser Welt eine Kraft geben, die allem überlegen ist, das krank macht. Es möge mich einer fassen, wenn ich die Hand ausstrecke. Glauben ist ein Sprung über den eigenen Unglauben und das Vertrauen, dass mich einer auffängt, wenn ich springe.

Jesus sieht auch Menschen, die „von Dämonen besessen" sind, also, wie wir heute sagen würden, Nerven- oder Geisteskranke, Neurotiker, Neurastheniker oder Menschen, denen das Bewusstsein ihrer Identität verloren gegangen ist. Ihre Krankheit äußert sich in Verwirrtheit, in Zwangshandlungen, in Wahnvorstellungen. Wir brauchen dabei nicht an Dämonen zu denken, auch wenn sich die Berichterstatter von damals eine solche Krankheit nicht anders deuten konnten als so, dass ein Dämon am Werk sei. Aber wir täten auch dann immer noch gut daran, von einer den Menschen beherrschenden dunklen „Macht" nicht als von einem primitiven Aberglauben zu reden, sondern noch lange offen zu halten, inwieweit es nicht wirklich Klarheit schaffte, wenn wir solche Dunkelheiten als „Mächte" verstünden. Vielleicht würden wir ihnen dann eher gewachsen sein.

Ist das „Dämonische" eine Wirklichkeit? Nun, es ist so wirklich wie die Macht irgendeines autonomen Komplexes oder eines Über-Ichs, das die Menschen beherrschen, besetzen, versklaven und gefügig machen will. Wer das Reich Adolf Hitlers erlebt hat, wird nicht mehr sagen, dies sei nicht wirklich. Wir haben die

Menschen gesehen, die im wahrsten Sinn des Worts „besessen" waren. Und wir hatten genug damit zu tun, uns selbst von dieser uns besetzenden Macht einigermaßen freizuhalten. Das „Dämonische" ist das Ende der Freiheit, das Ende der Würde von Menschen. Und es ist das Ende einer wirklichen Gotteserfahrung. Denn dieses Über-Ich will ja über dem Ich sein, wie Gott über dem Menschen ist. Es will Gott verdecken, verdrängen, ins Unwirkliche abtrennen. Es will an der Stelle stehen, an der der Glaube an die Liebe und Freundlichkeit Gottes stehen sollte. Wer dem Über-Ich, das so auftritt, gehorcht, findet den Zugang zu Gott verschlossen. Ist das Dämonische wirklich? Es ist so wirklich wie ein Stein oder ein Wald. Und es ist so schwer zu tragen wie ein Berg, der auf einer Seele lastet.

Entscheidend wichtig aber scheint mir, dass Jesus, wenn er von „Wundern" spricht, dafür manchmal das Wort „Zeichen" wählt. Ich gebe Zeichen. Nicht: Ich tue Wunder, oder gar: Ich bin ein Wundertäter!, sondern: Was durch mich geschieht, sind Zeichen. Ein „Zeichen" ist etwas, das etwas zeigt, das etwas vor Augen stellt. Es spricht uns etwa so an: Du siehst irgendwo in einer Großstadt ein Schild, auf dem ein Flugzeug abgebildet ist, das steil nach oben abhebt. Oder ein anderes Schild, auf dem ein Bett abgebildet ist. Nun könntest du das auch missverstehen und sagen: Da ist ja ein Flugzeug!, könntest dich auf eine Parkbank setzen und warten, ob irgendwann ein Flugzeug einschweben wird. Oder du könntest sagen: Hier ist ein Bett angezeigt, also kann ich hier übernachten. Nein, das Flugzeug sagt dir: Wenn du in der Richtung, die mein Abbild anzeigt, aufbrichst, dann kannst du in einer halben Stunde dort sein, wo die Flugzeuge starten und landen. Und wenn du dem Schild nachgehst, auf dem das Bett gemalt ist, kannst du hinter der übernächsten Ecke ein Hotel finden. Dich von der Stelle rühren musst du schon, wenn du ein Zeichen siehst. Es will, dass du ihm nachgehst.

So sagt Jesus: Geh dem nach, was du siehst, bedenke es, lass dich von ihm berühren, lass dich wach machen! Es ist unwichtig, wie du es dir erklärst. Es ist unnötig, dass du die Grafik bewunderst. Es ist unwichtig, ob du mich als den großen Macher anstaunst. Wichtig ist, dass dir die Augen aufgehen für die andere, die größere Wirklichkeit in deiner eigenen Seele, für die größere Wirklichkeit, für die ich in dieser Welt stehe, und für die große, tief geschichtete Welt Gottes.

Ein „Zeichen" ist ein Fenster, durch das Licht aus einer anderen Wirklichkeit zu uns hereinkommt. An der Stelle, an der ein „Zeichen" geschieht, ist die Wand durchscheinend geworden zwischen hier und dort, zwischen diesseits und jenseits, zwischen heute und morgen, zwischen begreiflich und unbegreiflich.

Aber das Zeichen fügt hinzu: Es gibt nicht, wie du jetzt meinen könntest, zwei Wirklichkeiten. Die Welt hat ihre Einheit und Ganzheit in Gott. Die Welt ist eins. Sie hat ihr Geheimnis und ihre Grenzenlosigkeit; aber der Kopf des Menschen ist nun einmal nicht groß genug, das Ganze wahrzunehmen.

Was sagt denn Jesus zu dem Menschen, dem er als Heilender gegenübertritt? Im Grunde dies:

Du Mensch, lass dir sagen, wer du sein kannst. Nein: Wer du bist. Du bist ein Garten, über dem die Sonne scheint und der Regen fällt. Aus dir soll nun aufwachsen, was in dich gelegt ist. Du bist ein Acker, über den einer geht und Samen auswirft. Nun soll Getreide aufwachsen und Frucht tragen. Das Wort fällt in dich, und was aufwachsen soll, ist nicht nur der neue Mensch in dir, sondern viel mehr: das Reich Gottes. Du bist gesegnet. Nun lebe, wachse und gedeihe.

Jesaja sagt schon fünfhundert Jahre vor Christus: „Deine Seele soll sein wie ein wasserreicher Garten" (Jesaja 58,11), und Jesus sagt nichts anderes. In dir soll etwas wachsen und reifen. Es soll Lebenskraft ausströmen auf andere wie aus einer Quelle. Über dir ist Gott wie der Himmel, unter dir wie die Erde, um dich her wie die Luft und der Wind; du lebst, um ihn zu preisen, das Reich seiner Gegenwart zu schauen und nach dem Maß deiner Kräfte dafür zu wirken. Der Garten bist du, der neue, der verwandelte Mensch. Er ist Teil des Reiches Gottes.

V

SEIN SCHLÜSSELWORT HIESS „REICH GOTTES"

Was ist damit gemeint?

Im trockenen Gras, in der Sonne, zwischen den Basaltblöcken im Osten des Sees oder auf den weißen Kalkfelsen im Westen saßen sie. Am Ufer standen sie gedrängt, auf den offenen Plätzen. Und immer wieder dasselbe Wort: Reich Gottes. „Das Reich ist nahe!" „Es kommt!" „Es ist bei euch!" „Es ist mitten unter euch!" „Es ist in euch!" Das „Reich Gottes" war sein Schlüsselwort. Aber es war nicht nur seines. Um dieses Wort ging in seiner Zeit überall der Streit, zwischen den politischen Parteien, zwischen den Gelehrten, zwischen den Falken und den Tauben im Kampf gegen Rom.

Aber was meinte Jesus mit diesem zentralen Wort, mit dem er bei seinem ersten Auftreten einsetzte, das sein ganzes Leben und Wirken begleitete und prägte, mit diesem Grundgedanken, um den für ihn wie für seine Hörer alles zu kreisen schien? Er nannte es auch das „Reich der Himmel". Aber das macht es nicht klarer. Denn, was er damit sagen und zeigen wollte, ist für uns Heutige nur noch schwer fassbar. Ich habe in fünfzig Jahren an vielen Wörtern der christlichen Sprache meine Versuche angestellt mit dem Ziel, sie aus dem christlichen Sprachgebrauch in ein allgemein verstehbares Deutsch zu bringen. An keinem bin ich so hoffnungslos gescheitert wie an diesem, und zwar unter anderem auch deshalb, weil das Wort „Reich" für meine Generation zu den schwer belasteten Wörtern gehört. Hat Hitler nicht mit großer Emphase vom „tausendjährigen Reich" geträumt und hat er dieses Wort nicht jener Sprache entnommen, die einst ihre große Rolle in den apokalyptischen Bewegungen der christlichen Geschichte gespielt hatte? Was aber ist danach eigentlich ein „Reich" und wofür kann es als Gleichnis stehen?

Bei Jesus selbst scheint das Reich Gottes drei Aspekte zu vereinen. Er spricht einmal von einem Reich, das in uns selbst sei, in uns selbst wachse und seiner Vollendung entgegenreife. Ein andermal spricht er von einem Reich, das unter den Menschen entstehen solle dadurch, dass Gerechtigkeit geschaffen werde, dass Friede entstehe und die zerstrittene Menschheit sich zusammenfinde zu einer Gemeinschaft von Schwestern und Brüdern. Und endlich spricht er auch von einem Reich, das entstehen werde nach dem großen Umbruch, der mit dem Ende der Geschichte der Menschheit verbunden sei.

Die große Zukunft

Einer der verheerendsten Irrtümer in der bürgerlichen Phase der Geschichte der Kirche war wohl der, das Reich Gottes ganz in eine ferne Zukunft hinauszuverlegen. So konnte in dieser Welt alles beim Alten bleiben, und die Kirche brauchte nur noch für Ruhe und Ordnung in den hiesigen Verhältnissen zu sorgen. Aber der ebenso verheerende Irrtum war es in den vergangenen Jahrzehnten, im Reich Gottes nur noch die Aufgabe für friedens- oder umwelt- oder gerechtigkeitsbewusste Christen zu sehen. Ich höre noch das junge Mädchen, das mir vor dreißig Jahren sagte: „Gott hat keine Hände. Er hat nur die meinen."

Nein, für Jesus gehört eins zum anderen. Wenn er sagt, das Reich Gottes sei nahe, dann meint er, es stehe so unmittelbar vor uns wie der kommende Tag. Er sagt einmal: Niemand weiß den Zeitpunkt, zu dem es plötzlich einbricht (Matthäus 24, 36). Ein andermal: Es wächst langsam, wie aus einem Samen ein Baum heranwächst. Einmal: Es kündigt sich in einer kosmischen Katastrophe an. Ein andermal: Es durchdringt die Erde und die Seele des Menschen so unmerkbar, wie ein Sauerteig einen Brotteig durchsäuert.

Aber solche Gegensätze und Alternativen sind mehr unser Problem, die wir späte Abendländer sind, als das der Menschen um Jesus. Für sie waren Nähe und Ferne nicht diese schroffen Gegensätze. Gegenwart und Zukunft lagen für sie dicht ineinander. Die Welt war eins. Gott war nicht nur im Himmel, hoch erhaben und von den Menschen durch einen Weltraumabstand getrennt, wie es die moderne protestantische Theologie gerne gelehrt hat; er war auch in allen Dingen gegenwärtig, und der Mensch hatte mit ihm zu tun bei jedem Handgriff. Und so gab es auch für Jesus keine scheidende Wand zwischen der gegenwärtigen und der künftigen Welt. Sichtbare und unsichtbare Wirklichkeit gingen für ihn ineinander über. Unsere moderne Frage, ob denn das Reich Gottes ein Umbruch im Gefüge dieser Welt sei oder eine jenseitige, ganz andere Welt, geht an ihm vorbei. Denn was in dieser Welt geschieht, geschieht für Jesus in der anderen Welt mit, eben weil es für ihn und seine Hörer nur die eine gibt. Wir könnten in seinem Sinn etwa fragen, ob das, was er das Reich Gottes nennt, nicht vielleicht eine Art Gewebe sei, das diese ganze Welt in sich zusammenhält, eine Art Netzwerk in einer geistigen Feinstruktur, in der viel nicht Geahntes geschehen, viel Unerwartetes begegnen, viel Undenkbares Wirklichkeit sein kann. Dann würden wir im Sinne seines „Reiches Gottes" beim einfachsten Ding erwarten können, dass es dem achtsamen Auge durchscheinend wird auf eine feinere, geistigere, jedenfalls andere Art von Wirklichkeit, die in unserer Wirklichkeit verborgen ist. Die biblische Vorstellung jedenfalls ist die, unsere sichtbare Welt sei nur ein schmaler Vordergrund, für uns schwachsichtige Wesen in einem Winkel des Weltalls noch eben mit Mühe zu überblicken. Hinter ihr aber, hinter allem und in allem seien unendliche Wirklichkeiten, die ganz anderen Dimensionen angehören, als die wir bewohnen.

So hat das „Reich Gottes" zunächst auch eine kosmische Dimension. Es fordert von uns, das Ganze dieser Erde und das Ganze dieses Universums ins Auge zu fassen. Wenn die Welt überhaupt Gottes Reich ist, dann entstand es schon vor Milliarden Jahren im berühmten schöpferischen Urknall oder auch auf ganz andere Weise. Dann ist die ganze Evolution des Lebens auf dieser Erde eine Weise, in der das Reich Gottes wächst und wirksam ist. Und dann gibt es keine Stelle in unserem Leben, in dem es für uns unwichtig oder unwirklich würde.

❧

Freilich, Jesus sagt über das Reich Gottes immer wieder auch, es „komme". Es sei ausgespannt zwischen einer notvollen Gegenwart und einer guten Zukunft. Das Reich fordere also von uns Menschen die Fähigkeit, einen Ruf zu hören und ihm in eine andere Zukunft nachzugehen, das heißt, es fordere die Kraft zu entscheiden. Denn sein Kommen werde plötzlich klären, was unser Leben wert war. „Sie fragten ihn: Wo kommt das Reich Gottes? Und Jesus antwortete: Das müsst ihr selbst sehen. Wo das Aas liegt, da sammeln sich die Adler" (Lukas 17, 37).

Da wir Menschen uns aber immer gerne mit dem beschäftigen, was klar vor der Hand liegt oder was uns Nutzen verspricht, wird es zugehen, wie es bei einer Einladung zuging: „Es war ein Mann, der bereitete ein großes Festmahl vor und lud eine Menge Gäste dazu ein. Als es Zeit war für das Fest, schickte er seinen Boten zu den Eingeladenen: Es ist alles fertig! Kommt! Aber jeder hatte eine andere Ausrede zur Hand. Der Erste ließ sagen: Ich habe einen Acker gekauft. Es geht nicht anders! Ich muss hinaus, ihn besehen! Ich bitte dich, entschuldige mich. Der Zweite ließ sagen: Ich habe zehn Ochsen gekauft. Es geht nicht anders! Ich muss hin und sie abholen. Ich bitte dich, entschuldige mich. Der Dritte ließ sagen: Ich habe eben geheiratet. Ich bitte dich, zu verstehen, dass ich nicht kommen kann. Da kehrte der Bote um und berichtete seinem Herrn. Der wurde zornig und befahl: Schnell! Geh gleich hinaus auf die Plätze und Gassen der Stadt, hol alle Armen, Behinderten, Blinden und Lahmen zusammen und führe sie herein! Als das geschehen war, meldete der Bote: Sie sind alle da, wie du befohlen hast, es ist aber noch Platz. Da befahl der Hausherr: So geh auf die Landstraßen und an die Zäune und mache es dringlich! Hole sie alle herein, so dass mein Haus voll wird. Ich sage euch: Von den Leuten, die zuerst eingeladen waren, wird keiner mein Festmahl genießen" (Lukas 14,16–24).

Jesus sagt also: Ob das Reich Gottes kommt, das entscheidet sich für dich heute, jetzt, in diesem Augenblick. Stell dich darauf ein. Überlege, was du tun oder was du bereithalten musst, damit die Begegnung mit ihm für dich glücklich ausgeht. Denke aufmerksam voraus und überlege, was nötig ist. Er erzählt dazu die Geschichte von fünf nachdenklichen und fünf nachlässigen Mädchen: „Zehn Mädchen waren als Brautjungfern zu einer Hochzeit eingeladen. Am Abend sollte das Fest beginnen. So nahmen sie Öllampen (mit denen sie den Bräutigam begrüßen und danach den Saal ausleuchten wollten) und gingen ihm entgegen. Fünf von ihnen hatten ihre Gedanken bei der Sache, fünf nicht. Die Zweiten nahmen zwar ihre Lampen mit, aber kein zusätzliches Öl. Die Ersten nahmen außer ihren Lampen Öl in ihren Kannen mit. Als nun der Bräutigam einige Stunden ausblieb, wurden sie alle müde und schliefen ein. Mitten in der Nacht aber gab es plötzlich ein Geschrei: Er kommt! Der Bräutigam! Auf! Ihm entgegen! Da standen die Mädchen alle auf und schmückten ihre Lampen. Die Törichten aber wandten sich an die Klugen und baten: Gebt uns von eurem Öl, unsere Lampen verlöschen! Die anderen wehrten sich: Dann ist es für uns alle zu wenig. Lauft und holt euch Öl beim Händler! Während die fünf unterwegs waren, kam der Bräutigam. Die bereit waren, gingen mit ihm zum Fest, und die Tür wurde verschlossen. Später kamen auch die anderen fünf und riefen: Herr! Mach auf! Er aber antwortete: Ich kenne euch nicht. Darum, so fügt Jesus an, seid wach! Ihr wisst weder Tag noch Stunde" (Matthäus 25, 1–13).

Man hat diesem Gleichnis immer wieder entgegengehalten, es sei eigentlich von einer unbegreiflichen Härte. Warum sollen diese Mädchen nun vom Fest ausgeschlossen sein, nur weil sie ihren Bedarf an Öl falsch eingeschätzt hatten? Warum helfen die Klugen den Törichten nicht aus? Aber auch hier wird wieder deutlich, dass es nicht nur um die Zukunft geht, sondern vor allem um den Augenblick, in dem die Menschen für das Reich bereit sind, also um den Augenblick, der jetzt ist. In diesem Augenblick kann keiner den anderen vertreten, da ist einer selbst bereit, oder er ist es nicht. Da brennt eine Lampe, oder sie brennt nicht. Da ist jemand wach, oder er ist es nicht. Wer nicht selbst gegenwärtig ist im entscheidenden Augenblick, kann sich nicht vertreten lassen. Was später geschehen wird, geschieht jetzt. Was jetzt geschieht, ist wirksam für die Zukunft. Was aber in der Zukunft geschehen wird, das bereitet sich in den Menschen vor.

Der Sinn des Menschenlebens

Wo aber liegt der Anfang? Jesus schildert ihn mit dem Bild, wie ein Mensch auf seinem Acker die Saat ausbringt:

„Denkt euch einen Bauern, der seine Saat über seinem Acker auswirft. Er geht nach der Arbeit nach Hause, er schläft und wacht Nacht und Tag, schläft ein und wacht auf, wieder und wieder, während draußen die Saat aufgeht und wächst, ohne dass er etwas tun muss oder auch nur davon zu wissen braucht. Die Erde gibt die Frucht von sich aus, von allein. Erst kommt der grüne Halm, dann die Ähre, dann der volle Weizen in der Ähre. Wenn dann die Frucht reif ist, kommt seine Zeit. Dann schickt er die

Schnitter mit der Sichel hinaus, denn es ist Zeit zur Ernte. Die darf er nicht versäumen" (Markus 4, 26–29).

Noch einmal: „Ein Bauer ging auf seinen Acker, um zu säen. Als er die Saat auswarf, fiel ein Teil der Körner auf den Weg, und die Vögel kamen und pickten sie auf. Ein anderer Teil fiel auf felsigen Grund, wo wenig Erde war. Weil es oberflächlich lag, ging es bald auf. Als aber die Sonne höher stieg, welkte es, weil die Wurzeln zu wenig Grund hatten. Einiges fiel in ein Gestrüpp, und die Hecken wuchsen und erstickten es. Das Übrige aber fiel in gute Erde und gab Frucht, hundertfach oder sechzigfach oder dreißigfach. Wer Ohren hat, höre gut zu!" (Matthäus 13, 3–9).

Und nun schau in dich selbst hinein. Die Erde bist du. Der Same ist das Wort, das Gott in dich hineinfallen lässt. Lass wachsen, was Gott gesät hat. So wird das Reich Gottes in dir reifen. Gott selbst wird in dir wachsen und Frucht werden. Denn der Anfang liegt in dir selbst.

Wenn du also Gott findest so nahe bei dir, in dir, in deiner eigenen Tiefe, dann entdeckst du, dass etwas für dich bereitliegt, eine Macht, die dich durchdringt, eine Klarheit, die du nicht aus dir selbst hast. Dann findest du ein Vertrauen, das nicht aus dir selbst kommt. Eine Gewissheit, die du nicht aufbrächtest, wenn nicht ein anderer sie in dich gelegt hätte. Und in all dem zeigt sich der Anfang des Reiches Gottes, das an der Stelle entstehen will, an der du stehst. Nicht irgendwo draußen, sondern in dir selbst. Und sorge dafür, dass du nicht das Gottesreich dadurch verfehlst, dass du an dem hängen bleibst, was das Leben dir an Erlebnissen oder Erfolgen anbietet.

Höre noch einmal: „Ein Juwelier ging auf Reisen und suchte nach guten, echten Perlen. Da fand er eine, die war wertvoller als alles, was er bis dahin gesehen hatte, aber sein Geld reichte nicht, sie zu kaufen. So ging er nach Hause, verkaufte sein Geschäft und all seinen Besitz, kam wieder und kaufte die Perle" (Matthäus 13, 45). Das tut doch kein vernünftiger Händler!, könnte man einwenden. Weiß er, ob er einen Käufer dafür findet? Kann er von seiner Perle essen? Aber ich höre Jesus sagen: Es ist etwas in dir, das du noch nicht gefunden hast, etwas unendlich Kostbares. Wenn du zu einer großen Entscheidung fähig bist, kannst du es finden. Setze darum dein ganzes Herz ein für das, was größer ist als du selbst. Was größer ist in deinem Geist als dein Geist. Was größer ist in deiner Seele als deine Seele. Denn das Reich Gottes will kommen. Vertrau darauf!

„Das Reich Gottes ist in dir selbst. Denk dir ein Senfkorn. Es ist das kleinste von allen üblichen Samen. Das wirft einer auf sein Feld, und es ist, als wäre es verloren. Aber dann wird es groß. Größer als alle Gartenstauden und schließlich groß wie ein Baum, so dass die Vögel in seinem Gezweig Nester bauen" (Matthäus 13, 31–34). Der Baum ist das Reich Gottes. Es fängt in dir selbst an zu wachsen. Und in diesem Wachstum, in diesem Zu-wachsen auf die große Zukunft hin liegt der Sinn und Auftrag deines kleinen, so wichtigen und großen Lebens auf dieser Erde.

Und diese drei so verschiedenen Aspekte sind eins. Du lebst, wenn das Reich Gottes in dir angefangen hat, Wurzeln zu schlagen, nicht nur „innen"; du wächst mit dem Reich Gottes ins Weite. Deine Seele wird nicht nur stiller, sondern auch sensibler. Achtsamer. Das Innere und die Welt der sichtbaren Dinge und auch die unsichtbare Welt, die über sie hinausreicht, verweben sich. Innere und äußere Welt werden größer. Sie wachsen beide um all die Dimensionen, die dir natürlicherweise verschlossen sind. Seele und Welt werden umfassender, tiefer und wunderbarer, denn sie öffnen sich beide zur Welt Gottes. Dein Ziel wird nicht der gelassene Weise sein, den nichts mehr berührt. Gleichwohl wirst du gelassener leben. Das Ziel wird nicht deine Erleuchtung sein, die dich von nicht-erleuchteten Menschen unterscheiden soll. Gleichwohl wirst du das Licht erfahren, und es wird von dir ausgehen. Du lebst von innen nach außen und prägst deine kleine Welt so, dass das Reich Gottes in ihr Raum findet.

Eine verbesserliche Welt

Das Wort „Reich Gottes" blieb für mich trotz all seiner Rätsel durch mein ganzes Leben hin die Chiffre für eine Welt, an der es etwas zu bessern gibt, die man also nicht sich selbst überlässt, um in der Stille im Frieden zu leben. Ohne dieses Bild vor Augen wäre ich weder vor Kasernen gesessen noch hätte ich mich an den Demonstrationen für die Umwelt beteiligt, noch hätte ich mich je für Gerechtigkeit im Zusammenleben in unserem Land eingesetzt, und alles nur, um mir Verständnislosigkeit einzuhandeln oder Feindschaft. Es war für mich immer wieder der Ruf aus der Sphäre des Privaten in die des Öffentlichen.

Dem Schriftgelehrten ging es um das Wohlergehen seiner Seele, als er fragte: „Was muss ich tun, um das ewige Leben zu gewinnen?" Jesus fragte dagegen: „Was liest du denn im Gesetz?" Er antwortete, wie er gelernt hatte: „Du sollst Gott lieben mit allen Kräften und deinen Nächsten wie dich selbst." Und Jesus stimmte zu: „Das ist richtig. Tu das, so wirst du leben." Der Mann aber wollte zeigen, dass seine Frage nicht ganz so einfältig war, wie es schien, und fragte weiter: „Wer ist denn mein Nächster?" Da erzählte Jesus eine Geschichte:

„Ein Mann ging von Jerusalem hinab nach Jericho, auf der Straße, die durch die judäische Wüste führt. Unterwegs wurde er von Räubern überfallen. Die schlugen ihn zusammen, raubten ihn aus, verschwanden wieder in ihren Höhlen und ließen ihn halbtot liegen. Auf derselben Straße seitlich des Wadi Kilt kam danach ein Priester vorbei. Als der ihn sah, ging er auf die andere Seite der Straße, denn als Priester musste er rein bleiben. Er durfte sich nicht mit Blut beflecken oder gar einen Toten berühren. Und er ging vorüber. Nach ihm kam ein Tempeldiener auf seinem Weg zum Gottesdienst vorbei. Auch er musste rein bleiben für Gott, er durfte keinen Toten berühren. Als er den Schwerverletzten sah, ging er vorüber. Und was meinst du, was danach geschah? Da kam ein Landfremder, einer von den Ungläubigen, die wir verachten. Einer aus Samaria. Als er den Zusammengeschlagenen sah, ging er hin, linderte seine Wundschmerzen mit Öl und goss Wein auf sie, um sie zu reinigen. Er hob ihn auf seinen Esel und brachte ihn nach Jericho in eine Herberge. Am folgenden Tag gab er dem Wirt zwei Silberstücke und sagte: ‚Pflege ihn! Und wenn er dich mehr kostet, will ich dir deine Auslagen ersetzen, wenn ich wiederkomme'" (Lukas 10, 25–37).

Du fragst, wer dein Nächster sei? Frage umgekehrt: Für wen bin ich der Nächste? Du fragst, wie du ewiges Leben findest? Du findest es an der einsamen Straße zwischen den Dünen der Wüste. Dort, wo die Höhlenlöcher der Räuber sind, findest du Gott und sein Reich. Denn dort gilt es zuzufassen.

Oder achte auf die Gerechtigkeit, mit der du die Menschen wertest! Es war neu, dass ein Rabbi Frauen in den engsten Kreis seiner Schüler und Anhänger aufnahm. Es war neu, dass Jesus Frauen und Männer auf ein und dieselbe Stufe stellte. Wem gehört denn eine Frau? Einige fragten ihn:

„Meister, im Gesetz des Mose steht: wenn einer stirbt und keine Kinder hat, soll sein Bruder seine Witwe heiraten. Nun waren einmal sieben Brüder. Der erste heiratete und starb. Da heiratete der zweite seine Frau. Aber der starb auch, und so ging es bis zum siebten. Der heiratete die Frau als letzter. Zuletzt starb auch der, und schließlich starb auch die Frau. Im Himmel, wo sie alle ihre Männer wiedertrifft, wem gehört sie da? Sie alle haben sie ja gehabt." „Keinem", antwortete Jesus. „Weder wird sie einem gehören. Noch wird einer sie haben. Frei wird sie sein, auch von den Männern. Ein Mensch vor Gott. Ein Mensch in Gott. Niemand wird ihr Unterwerfung gebieten, weder im Haus, noch im Bett, noch auf dem Markt. Frei wird sie sein wie ein Engel Gottes" (Matthäus 22, 23–32).

Das Reich Gottes ist ein Reich der Freiheit. Den Weg ins Reich Gottes findet darum ein Mensch, der frei ist in seinem Geist und in seinem Herzen, der Freiheit verbreitet, Freiheit anderer respektiert, der um die Freiheit anderer kämpft, nicht nur um seine eigene, und am Ende, wenn es ihm bestimmt ist, seine eigene Freiheit opfert für das Leben anderer. Das Reich Gottes, hier oder drüben, ist freien Menschen zugedacht. Was diese Freiheit nicht bewahrt, was noch von Herrschaft von Menschen über Menschen zeugt, kann nichts mit dem Reich Gottes zu tun haben.

Oder achte auf deine Unabhängigkeit von den Mächten deiner Zeit. Wie frei ist der Bürger des Reiches Gottes gegenüber seinem Staat? „Eines Tages stellten die Pharisäer Jesus eine Frage, in der er sich wie in einer Schlinge fangen sollte: ‚Meister, wir wissen, dass du kein Unrecht willst und nur lehrst, was Gott befohlen hat. Du lässt dich durch Meinungen nicht beeinflussen und redest niemandem nach dem Munde. Sage uns, wie du darüber denkst: Ist es richtig, dass man dem Kaiser Steuern zahlt? Ist es falsch?' (Antwortete Jesus nun: Es ist richtig, verlor er die national Gesinnten. Antwortete er: Es ist falsch, konnte man ihn bei den Römern anzeigen.) Jesus hörte die böse Absicht und antwortete: ‚Was soll diese Falle, ihr Lügner? Zeigt mir die Münze, die man dem Kaiser zahlt.' Sie brachten ihm eine solche Münze, da fragte er sie: ‚Was für einen Kopf zeigt sie? Wen meint die Inschrift?' ‚Den Kaiser.' ‚Dann gehört die Münze also dem Kaiser', erwiderte Jesus, ‚dann gebt doch dem Kaiser, was ihm ohnedies gehört, gebt aber Gott, worauf Gott Anspruch hat.' Als sie das hörten, wunderten sie sich, ließen ihn stehen und gingen davon" (Matthäus 22, 15–22).

Man hat aus dieser Antwort von jeher eine Art Ausgleich zwischen dem Anspruch des Staats und dem Anspruch der Kirche gelesen und die Empfehlung zu einem schiedlich-friedlichen Nebeneinander zwischen beiden. Der Bürger gibt dem Staat Geld. Der Staat gibt der Kirche Geld. Die Kirche gibt es aus zur Festigung der Staatsmoral und zur politischen Bändigung der Bürger. Von dem, was dann die gebändigten Bürger erwirtschaften, zahlen sie wieder Geld an den Staat. Man merkte kaum je, wie gründlich eine solche Vorstellung an allem vorbeiging, was wir von Jesus hätten wissen können. Eine organisierte Religion und Jesus werden immer sehr schwer und oft genug nicht in Einklang zu bringen sein.

Nein, ich höre etwas ganz anderes. Ich höre Jesus sagen: Das Geld? Was ist am Geld so schrecklich wichtig? In Kürze wird jede Art von Geld wertlos geworden sein. Der Kaiser? In Kürze wird der Kaiser verdorben und vergessen sein. Was ist denn wichtig? Wichtig ist, dass ihr euch selbst für Gott bereithaltet, dass ihr euch hingebt für sein Reich.

Hier werden keine Loyalitäten aufgerechnet, hier spottet einer: In Kürze wird man von eurem Kaiser nichts mehr wissen! Wer die Zukunft ins Auge fasst, trifft dort keinen Kaiser mehr an. So gebt ihm doch sein Futter, dem armen Eintagekaiser! Jesus war kein Untertan. Er war das flammende Zeichen gegen die Macht der Herren, und eben diesem Zeichen wurde von den Herrschenden mit dem Kreuz widersprochen und, wie sie meinten, ein Ende gemacht. Was Jesus sagte, war Abbruch, war Herauslösung, es war das Bild einer kommenden Welt; und die Mächtigen rächten sich an ihrem Verächter.

Ein Kennzeichen Jesu war seine Ungeduld. Daneben aber trat der lange Atem, den er auch hatte. „Ein Mann", so erzählt er, „besaß einen Feigenbaum in seinem Weinberg. Eines Tages kam er, suchte Frucht an ihm und fand keine. Da redete er mit dem Weingärtner: Du weißt, seit drei Jahren komme ich, suche Frucht an diesem Baum und finde keine. Haue ihn ab. Wozu saugt er das Land aus? Der Weingärtner aber bat ihn: Herr, lass ihn noch dieses Jahr. Ich will noch einmal um ihn her aufgraben und ihn düngen. Vielleicht bringt er künftig Frucht. Wenn nicht, dann haue ihn heraus" (Lukas 13, 6–9).

Es ging durch die sozialen Bewegungen der sechziger und siebziger Jahre des 20. Jahrhunderts eine drängende Ungeduld nach dem Motto: Wenn nicht jetzt – wann dann? Und die Ungeduld nahm, wie immer, die Färbung von allerlei Ideologien an. Aber da sagt nun gerade Jesus: Lass dir Zeit. Noch ein Jahr. Noch eine längere Zeitspanne. Wolle nicht alles mit einem Schlag verändern. Gib den Menschen die Chance umzudenken. Umdenken braucht Zeit. Bekehrungen brauchen Zeit, wenn sie in eine wirklich neue und andere Lebensphase oder Lebensweise münden sollen. Was in dir angefangen hat, lass wachsen. Gib ihm Zeit zu reifen. Und bleibe bei deiner Hoffnung und bei deiner Arbeit; scheue weder das Risiko noch den Spott. Gott hat Zeit. Und du hast sie wie er.

Gautama Buddha löste sich aus seiner reichen Familie, ging mittellos auf die Straße, stellte sich, ruhig und gelassen, einmal am Tag mit einer Schale in der Hand zwischen die Menschen mit gesenktem Blick, in der Gewissheit, irgendjemand werde ihm zu essen geben. Seine innere Sicherheit, seine Erleuchtung fand er in der Stille unter dem Bodhibaum, und er lehrte, wie man dem Leiden des Daseins entgehe, wie man hinübergelange in das Land des Lichts, das „Nirwana", dessen Ungreifbarkeit manche Ähnlichkeit hat mit dem, was Jesus das Reich Gottes nannte. Jesus aber ging es nicht um den heimlichen Glanz der Armut. Nicht um Gelassenheit oder um Erleuchtung. Er saß nicht unter dem Bodhibaum. Ihm ging es um die große Veränderung der Welt und der Verhältnisse. Vielleicht darum begegneten ihm nicht nur Dankbarkeit und Verehrung wie Buddha, sondern auch der Hass und die tödliche Gefahr. Es ist noch nicht lange her, kaum mehr als dreißig Jahre, dass in unserem Land die ruhige, angepasste Kirchlichkeit plötzlich aufgeschreckt wurde durch die Forderung nach politischer Anwendung dessen, was Jesus gebracht hatte. Die soziale Bewegung, die als Studentenrevolte begann, trat auf, die Friedensbewegung, die ökologische, die Bewegung für die Menschenrechte und für die Gerechtigkeit gegenüber der Dritten Welt. Es ist durchaus begreiflich, dass es nicht mehr selbstverständlich ist, dass der Bürger der Bundesrepublik sich als Christ versteht. Jeder Versuch, praktische Konsequenzen aus dem christlichen Glauben zu ziehen, hat bislang polarisiert und wird es auch künftig immer tun.

Tu die Augen auf, sagt Jesus. Wenn dir an der Straße zwischen Jerusalem und Jericho ein Mensch begegnet, der deine Hilfe braucht, dann entscheidet sich an deinem Tun, ob du im Reich des Todes lebst oder im Reich Gottes. Wenn du dich fragst, wie oft du einem Menschen vergeben sollst, der dich beleidigt oder dir schadet, dann zeigt sich an deiner Entscheidung, ob du im Reich des Rechthabens lebst oder im Reich Gottes. Und wenn du dich fragst, was du mit dem Geld tun sollst, das du in der Tasche hast, dann entscheidet sich, ob du im Reich des Festhaltens lebst oder im Reich Gottes.

Ich kann mir vorstellen, Jesus rede zu uns heutigen Menschen etwa so: Finde dich nicht ab mit dem Elend der Erde und mit ihrem Unrecht. Dir sind Kräfte anvertraut. Vielleicht mehr als anderen. Vielleicht weniger. Das lass dich nicht kümmern. Wichtig ist allein, ob du, was du empfangen hast, in Hingabe wandelst. Du hast mehr davon in dir, als du glaubst. Du hast mehr Kräfte, als du meinst. Mehr Phantasie, als du denkst; du darfst dich nur nicht vor ihr fürchten. Hilf dazu, dass die Menschen um dich her mutiger werden. Dir wird dabei auch deine eigene Furcht unwichtiger werden.

Was also ist das Reich Gottes? Es ist nicht ein Zustand, sondern ein Prozess. Es ist ausgespannt zwischen einer Vergangenheit, in der wir Jesus Christus wahrnehmen, einer Gegenwart, in der es wächst und reift, und einer Zukunft, in der es sich vollendet. Sich diesem Prozess zu überlassen, in ihm mitzugehen heißen wir Glauben. Dass aber das Menschenherz ihm Raum geben wird, dass es jedenfalls sich einzuüben vermag in dieses Raumgeben, dieser kühne Glaube lebt in dem Wort vom „Reich". Und dass diese zerklüftete, zerrissene Welt einer neuen Gestalt entgegengeht – diese Vision hat, seit Jesus über diese Erde ging, die Menschen ergriffen und nicht mehr losgelassen.

VI

ER ZEIGTE WEGE NACH INNEN

Er setzte neue Anfänge

An einem frühen Morgen ging Jesus in den Tempel, in die große Halle, in der die Schriftausleger und die Rechtsgelehrten diskutierten und lehrten. Er suchte sich einen Platz und fing an zu reden, und die Leute drängten sich um ihn. Da brachten die Rechtsgelehrten eine Frau vor ihn, die in flagranti beim Ehebruch ergriffen worden war, stellten sie zwischen sich und Jesus in die Mitte und fragten ihn: „Meister, diese Frau wurde auf frischer Tat im Ehebruch ergriffen. Mose schreibt im Gesetz vor, sie sei zu steinigen. Wie urteilst du?" Das fragten sie, weil sie ihm eine Falle stellen und ihn seines – wie sie vermuteten – zu milden und mit dem Gesetz nicht konformen Urteils wegen anklagen wollten.

Als Jesus die Frage hörte, bückte er sich nieder und schrieb mit dem Finger auf die Erde. Als sie ihn aber weiter fragten und nicht abließen, richtete er sich auf und antwortete: „Wer unter euch sich keine Schuld vorzuwerfen hat, der werfe den ersten Stein." Dann bückte er sich wieder und schrieb weiter auf die Erde. Die Männer aber, als sie das hörten, gingen hinaus, einer nach dem anderen, bei den ältesten angefangen, und Jesus blieb allein mit der Frau. Da richtete er sich auf und fragte sie: „Frau, wo sind deine Verkläger? Hat dich niemand verurteilt?" Sie antwortete: „Niemand, Herr." „Auch ich verurteile dich nicht", schloss Jesus, „geh und tu es nicht noch einmal" (Johannes 8,1–11).

Es ist eine der schönsten Szenen, in denen uns Jesus geschildert wird. Er kommt in den weiten Vorhof des Tempels, Menschen sammeln sich um ihn, und er wird in einen Rechtsstreit verwickelt. Von Jesus weiß man, dass er mit den Opfern der Verhältnisse, auch den Opfern von Macht und Justiz barmherzig umzugehen pflegt. Würde Jesus es wagen, das Gesetz aufzuheben, indem er die Frau freispricht, oder würde er als der Anwalt der Armen und der an den Rand Gedrängten unglaubwürdig, indem er die Frau der Hinrichtung durch Steinigung überließe? Wenn er das Gesetz aufhöbe, wäre er selbst dem Gesetz, das heißt dem Tod, verfallen. Wenn er es nicht wagte, worin würde er sich dann in den Augen der Umstehenden noch von den rigorosen Gesetzeslehrern unterscheiden? „Wie wirst du urteilen?", fragt man ihn.

Jesus hört die Frage, sieht die Falle und tut etwas anderes. Er greift zu einer zeichenhaften Handlung, von der er vermuten kann, die Gelehrten würden sie verstehen. Im Buch des Propheten Jeremia, in 17,13, steht das Wort: „Die an dir sündigen, werden ausgewischt wie Namen, die man in den Staub schreibt." Er beugt sich also nieder und schreibt mit dem Finger in den Staub zu seinen Füßen. Aber sie verstehen nicht oder wollen nicht verstehen. So dringen sie noch einmal in ihn: Wie urteilst du? Da richtet er sich auf und sagt dasselbe noch einmal mit anderen Worten: „Wer unter euch sich keine Schuld vorzuwerfen hat, werfe den ersten Stein." Und wieder bückt er sich zur Erde und schreibt. Dieses Mal wohl nicht, um an das Wort des Jeremia zu erinnern, sondern um ihnen die Möglichkeit zu geben, sich leise zu entfernen. Und Jesus bleibt allein mit der Frau. „Hat dich niemand verurteilt?", fragt er sie. Und er entlässt sie mit der Weisung, etwas dieser Art nicht mehr zu tun. Sie aber geht als befreiter, getrösteter Mensch.

❧

Eines Abends kommt ein bekannter Gelehrter namens Nikodemus zu Jesus. Er will nicht gesehen werden und kommt deshalb
bei Nacht. Mit einer wohlwollenden Erklärung führt er sich ein:
„Meister, wir wissen, das du von Gott gesandt bist, denn niemand
kann die wunderbaren Dinge tun, die du tust, wenn nicht Gott in
ihm wirkt." Jesus nimmt den Gruß auf und redet mit seinem Gast
– wie ich vermute – bis tief in die Nacht. Aber er setzt nicht bei
sich, sondern bei seinem Gast ein: „Reden wir nicht von mir, sondern von dir: Wenn du nicht von oben her neu geboren wirst,
kannst du das Reich Gottes nicht sehen." Nikodemus ist überrascht: „Wie kann einer neu geboren werden, wenn er ein Greis
ist? Kann ihn denn seine Mutter noch einmal in ihren Leib aufnehmen und zur Welt bringen?" Jesus erwidert: „Wer nicht neu
geboren wird aus Wasser und Geist, findet keinen Zugang zu Gottes Reich. Was Menschen zur Welt bringen, ist menschlich. Was
der Geist schafft, ist Geist. Der Wind weht, wo er will. Du hörst
wohl sein Sausen, aber du weißt nicht, woher er kommt und wohin er treibt. Du kannst den nicht fassen, der aus dem Geist geboren ist." Da ist Nikodemus ratlos: „Wie kann das geschehen?" Und
nach einer Weile schließt Jesus das Gespräch ab mit dem Wort:
„Gott hat mich nicht in die Welt gesandt mit dem Auftrag, sie zu
verurteilen, sondern um sie vor dem Tode zu retten. Wer tut, was
aus Gott ist, wendet sich dem Licht zu, so dass sichtbar wird, dass
sein Tun in Gott getan ist" (Johannes 3).

Wir vermuten, dass Nikodemus ein älterer oder ein alter Mann
war, bekannt, angesehen, gewohnt zu führen und zu lehren. Aber
wir vermuten auch, dass er im Tiefsten seiner Sache nicht so sicher war, wie es scheinen mochte, vor allem wohl verunsichert
durch das Auftreten dieses Jesus, der vieles so sehr anders sah als
unter Fachkundigen der jüdischen Frömmigkeit und Rechtspfle-
ge üblich. Wenn er ein alter Mann war, dann lag sein Leben im
Wesentlichen abgeschlossen hinter ihm und konnte als vollendet
gelten. Da redet Jesus von einer neuen „Geburt". Es gibt, so sagt

er, auch für einen alten Menschen wie dich einen neuen Anfang. Du kannst neu geboren werden und hast wie ein Kind dein Leben nicht hinter dir, sondern vor dir. Deine Seele kann neu lebendig werden aus dem Geist Gottes. Was aus dir selbst kommt, ist und bleibt menschlich. Es mag erfreulich sein oder nicht. Es kann wichtig sein oder bedeutungslos. Aus dir selbst kommt eben immer nur, was in dir ist, und das wird immer zweideutig sein. Es muss etwas in dich hineinfallen. Du magst es den „Geist Gottes" nennen, wenn du dir etwas darunter vorstellen kannst. Dann entsteht etwas Neues, bisher Fremdes in dir, etwas Anderes, das dich wandelt. Der Wind weht, wo er will. Er lässt sich durch Ordnungen, Gesetze, Rituale nicht einzwängen, auch nicht durch alles, was du gelernt hast. Und der Geist ist es, der dir das Reich Gottes öffnet. Er macht mehr aus dir, als du aus dir sein kannst, mehr, als du aus dir selbst je werden könntest: Er macht aus dir einen Ort, an dem sein Reich entsteht. Nimm ihn an, diesen neuen Anfang. Lass den Geist ein.

Eines Tages kommt Jesus auf der Reise von Jerusalem nach Galiläa bei der Stadt Sichar an den alten Brunnen des Erzvaters Jakob. Weil er nun ermattet ist von der Wanderung, setzt er sich in der Mittagsstunde an den Brunnen. Da kommt eine Frau, um Wasser zu schöpfen und Jesus bittet sie: „Schöpfe doch auch mir, gib mir zu trinken." Die Frau wundert sich: „Du bist doch ein Jude. Wie kannst du mich, eine Frau aus Samaria, um Wasser bitten?" Denn die Juden verkehren nicht mit Samaritanern. Jesus antwortet: „Wüsstest du, wer dich um Wasser bittet, du würdest die Bitte umkehren. Du würdest ihn um quellfrisches Wasser bitten, und er würde es dir geben." Sie aber wundert sich noch mehr: „Du hast keinen Eimer bei dir, und der Brunnen ist tief, woher willst du Quellwasser nehmen?" Darauf Jesus: „Wenn du von diesem

Wasser trinkst, wird dich wieder dürsten. Wenn du aber von dem Wasser trinkst, das ich dir gebe, wird dich nie wieder dürsten, denn das Wasser, das ich dir gebe, wird in dir zu einer Quelle werden, aus der dir ewiges Leben zufließt. Du hast dein Glück bei fünf verschiedenen Männern gesucht. Suche es in der lebendigen Kraft der Quelle, die Gott in dir fließen lässt, in dem quellfrischen Wasser, das dir selbst zugesagt ist. Denn Gott ist nicht ein Gott, der Unterschiede macht zwischen verfeindeten Völkern wie euch und uns, sondern ein Gott, der Leben hervorbringt in euch wie in uns. Vertrau dem, was Gott in dir tun will, und lass dein Herz quellen" (Johannes 4).

Das Gespräch am Brunnen mit der Frau, die der Durst nach Leben umtreibt, hat seine Besonderheit darin, dass Jesus sich gleich zu Anfang in die Rolle der Frau begibt: Ich habe Durst, gib mir Wasser! Und darin, dass Jesus, der sich selbst als die Quelle bezeichnet, der Frau eine Quelle zeigt, die in ihr selbst aufbrechen soll. Es ist ein therapeutisches Gespräch, das sein Ziel erreicht, als die Frau in Jesus den Propheten erkennt und als sie, mit der in ihrem Dorf wohl nur wenige etwas zu tun haben wollten (fünf Männer hast du gehabt und der, den du jetzt hast, ist nicht dein Mann!), sich aus eigenem Antrieb an die Menschen ihres Dorfes wendet, weil sie ihnen etwas zu sagen hat: Geht selbst hinaus! Ihr werdet ihn sehen!

In den Psalmen wird ein Tanzlied zitiert. Da schreibt einer (Psalm 87, 7): „Wir haben ein Lied, das wir beim Tanz singen und das lautet: Alle meine Quellen sind in dir!" Ich gäbe viel darum, wenn ich den vollen Wortlaut dieses Liedes kennte und auch den Tanz selbst. Aber der Psalm lässt es bei dieser Andeutung. Und auch Jesus spricht nur mit einem Wort von der Quelle, die in der Frau anfangen solle zu fließen.

Jesus kommt also an einen Brunnen. Man kann das gemauerte runde Loch heute noch sehen. Es ist etwa fünfunddreißig Meter tief, und sie holen dort bis heute das Wasser mit Seilzug und Eimer herauf. Dort trifft er eine Frau an, die eben aus dem nahen Dorf kommt und ihren Krug füllen will. Als er ein Weilchen mit ihr geredet hat, ist ihm klar, dass sie ein verdorbenes Leben hinter sich und, wenn sich nichts ändert, wohl auch vor sich hat, und er redet mit ihr nicht mehr über das Wasser, das er von ihr erbeten hat, sondern von ihr selbst: Was dir fehlt, ist nicht so sehr das Wasser, das du jeden Tag hier heraufholst. Was dir fehlt, ist, dass in dir selbst eine Quelle aufbricht, die nicht versiegt. Dass in dir selbst etwas Neues lebendig wird, eine Kraft, mit der du dein Leben bestehen kannst. Und als die Frau erstaunt und überrascht fragt, ob er ihr das nicht geben könne, da antwortet er: Was ich dir sage, ist nicht eine Verurteilung deines bisherigen Lebens, nicht eine Moral, nicht etwas, das fremd und von außen auf dich zukäme. Nein, es will eine Quelle werden in dir selbst, und aus ihr soll dir das Leben zufließen, das gute, gelingende, sinnvolle Leben. Du kannst, wenn das geschieht, gedeihen, blühen und reifen, jetzt und heute, und du hast ein Leben vor dir, danach, das du dir jetzt nicht vorstellen musst, auf das du aber zugehen kannst. Dein Leben kann jetzt schon im Zusammenhang stehen mit der Ewigkeit.

In der Frau im Tempel, in dem alten Mann, der bei Nacht kommt, in der Frau mit ihrem Krug an der Quelle, in ihnen allen soll das Reich Gottes aufleuchten, aufwachsen, aufquellen. Es soll Licht bringen und Freiheit für einen neuen Anfang. Zu der Ehebrecherin im Tempel sagt er: Geh nach Hause. Fang neu und anders an. Zu Nikodemus: Lass etwas in dir geschehen wie eine neue Geburt. Zur Frau am Brunnen: Lass aufquellen, was ich in dir zum Leben erwecke. Es sind drei Variationen zu dem einen Wort, das Reich Gottes sei mitten in den Menschen, und es wolle von dort ausgreifen in ihre wirren Lebensverhältnisse als Sinn und Ziel ihres Daseins.

Er führte in das leise Gebet

Seit Urzeiten haben die Menschen über Gott nachgedacht, den großen, den gefährlichen, den schaffenden, den liebenden, den finsteren, den bedrohlichen, den herrschenden, den richtenden Gott. Bei Jesus wird alles sehr einfach. Er verweist alle dunklen Aspekte Gottes in den Hintergrund und lässt das eine Bild hervortreten und allein gelten: Gott ist dein Vater. Du bist sein Kind. Seine Tochter. Sein Sohn. Verlass dich auf ihn. Du brauchst keinen anderen Schutz, keine andere Versorgung, und vor allem keine Waffe, um dich zu sichern. Gott, dein Vater, ist dir nah, ist dir zugetan. Was immer dir widerfährt, lass alle Autoritäten, die sich dir auf dieser Erde anbieten, beiseite und vertraue allein ihm. Und glaube nicht, dass du, um ihm nahe zu sein, irgendwelche menschlichen Hilfen brauchst, Stellvertreter oder Gurus oder Muster von Menschen wie Heilige, nein, du bist unmittelbar zu ihm wie ein Kind zu seinem Vater oder seiner Mutter.

Wenn du aber in der Nähe Gottes leben willst, dann suche das Gespräch mit ihm. Rede in der Stille mit ihm und horche, was dir an Antwort gegeben wird. Wenn du also betest, dann zieh dich zurück von den Menschen und allem lauten Umtrieb. Geh in deine Kammer, schließ die Tür und finde deinen Vater in der Verschwiegenheit. Schließe die Tür deiner Seele und warte auf ihn, sprich einfache Worte des Vertrauens oder schweige. Was aber soll man beten?, fragten ihn seine Jünger. Und Jesus gab ihnen das große, einfache Gebet, das wir das Vaterunser nennen:

Unser Vater im Himmel,
geheiligt werde dein Name.
Es komme dein Reich.
Dein Wille geschehe,
wie im Himmel, so auf Erden.
Unser tägliches Brot gib uns heute

und vergib uns unsere Schuld,
wie auch wir vergeben unsern Schuldnern.
Und führe uns nicht in Versuchung,
sondern erlöse uns von dem Bösen.
Denn dein ist das Reich und die Kraft
und die Herrlichkeit in Ewigkeit. Amen.

Wir sagen also: Du, Vater, bist uns nahe und doch begreifen wir dich nicht. Denn du bist für uns im „Himmel". Wir nennen dich Gott und wissen dich über uns wie die Wolken, um uns her wie die Luft, unter uns wie die Erde, und in uns wie wir selbst. Wir könnten ebenso gut sagen: „Unsere Mutter", denn wir reden ja immer nur in Bildern. Auch Vater ist ein „Bild", das wir uns machen, um besser zu verstehen, was wir meinen. Er oder sie ist ja weder männlich noch weiblich. Es ist Gott.

Aber nun ist bei uns mit dem Bild von Gott, dem „Vater", etwas Schwerwiegendes geschehen. Für Jesus lag in dem Ausdruck „Abba", den er verwendete, etwas ungemein Zärtliches. Wenn der Russe „Väterchen" sagt, oder wenn wir „Papa" sagen, schwingt dasselbe Gefühl mit: Der „Vater" ist nicht in erster Linie zu fürchten, er ist vielmehr Wärme, Verlässlichkeit, Zuflucht, Geborgenheit. Es ist gut, bei ihm zu sein. Aber das Wort „Vater" ist eben ein Bild, das wir unseren menschlichen Familienverhältnissen entnehmen. Und die Gefahr ist, dass die Erfahrungen in unseren Familien am Ende das Gottesbild prägen und verändern. Dass also der Vergleich die Oberhand gewinnt über das, was er eigentlich aussagen will.

In der hinter uns liegenden bürgerlichen Kultur war der Vater sehr häufig der über der Familie schwebende Tyrann, den die Kinder ehrten und fürchteten und dem die Mutter demütig diente.

Der typische Vater der Nachkriegsgeneration war der abwesende, immer tätige, eilige Schaffer, der Tag und Nacht unterwegs war, der bisweilen als störender Gast ins Zimmer trat und dann ungestört sein wollte, um den die Mutter eine spanische Wand aus geflüsterten Mahnungen, doch ja recht still zu sein, aufbaute. Vielleicht hängt die Zeitmeinung, die sich damals ausbreitete, Gott sei tot, mit dieser Tatsache zusammen, dass von den Vätern etliche Jahrzehnte lang außer dem Wirtschaftswunder so wenig ausgegangen ist.

Heute scheint sich ein Wandel abzuzeichnen, der darin besteht, dass die Väter zugleich oft auch „Mütter" sind, mit dem Kind ebenso eng verbunden wie sie, so dass vielleicht die religiöse Bedeutung des Bildes von Gott, dem Vater, wieder begriffen werden kann oder könnte. Es ist nicht zufällig, dass das Bild Gottes heute zwischen seiner Väterlichkeit und seiner Mütterlichkeit oszilliert.

Für den christlichen Glauben freilich, der ja ein längeres Gedächtnis hat als die ihn umgebende Kultur, ist Gott vielfach noch immer der, gegen den der Sohn sich aufzulehnen hat, will er seinen eigenen Weg und sein eigenes Wesen finden, den der Sohn irgendwann, zumindest in seinen Gedanken, zu töten gezwungen ist. Wir brauchen nicht bei Sigmund Freud in die Schule zu gehen, um das zu sehen. Den Gott, den zu lieben man sich bemüht, trifft ein unüberwindlicher Hass, und zurück bleibt das Bewusstsein einer tödlichen Sünde. Da aber der kleine Mensch für einen solchen heimlichen Gottesmord keine Sühne leisten kann, muss der Eine, der Bruder, der Christus, an seine Stelle treten, um den Zorn und die gerechte Strafe Gottes abzuwehren.

Man sehnt sich als Protestant, der diese Tradition noch nachwirken sieht, manchmal nach der Freiheit, mit der etwa Juden ihrem Gott gegenübertreten. Für sie ist Gott immer auch eine Art Vertragspartner und Bundesgenosse, gegen den man streiten darf, den man für eine nicht erbrachte Leistung belangt, den man anklagt, wenn er es an seiner Treue fehlen lässt. Von dem man nicht besetzt ist, wie viele Christen es sind, sondern dem man gegenübersteht. Christen nehmen in Anspruch, freier zu sein als Juden. In Wahrheit sind Juden sehr häufig die freieren Menschen. Es wäre Zeit, auch unter Christen die Freiheit wiederzugewinnen, die in der zärtlichen Dankbarkeit liegt, mit der Jesus Gott als seinen „Vater" ansprach.

„Dein Name werde geheiligt." „Dein Name" steht für „du". Mit dem „Namen" umschrieb der Jude den Gott, den er nicht nennen durfte, weil er heilig war, unnennbar, unserer Menschenrede entzogen. Wenn der „Name" „heilig" war, geschützt, dann sagte man: Gott ist anders. Unsere Vorstellungen von ihm müssen gezeichnet sein von seinem wirklichen Gesicht, seiner wirklichen Klarheit. Wir können also nicht leichthin von Gott reden, beliebig, unehrfürchtig, schnoddrig, salopp oder auch so, als wäre mit dem, was wir Gott nennen, Gott begriffen. Denn wir Menschen nennen vieles „heilig", das es nicht ist: ein Vaterland, eine Liebe, die Rechtsordnung, Kirchengebäude, Tage oder Jahre, aber den, der allein unantastbar sein sollte, machen wir gerne zu einem ohnmächtigen „lieben Gott". Wenn wir sagen: Dein Name werde geheiligt, dann bitten wir Gott: Gib unseren Worten über dich Gewicht in unseren Gewissen. Gib Klarheit in unsere Gedanken. Mache dich spürbar wie die Luft, schaubar wie die Farben der Dinge, hörbar wie die Stimme eines Menschen. Aber lass uns dabei nie den ungeheuren Abstand vergessen zwischen dir und uns.

„Dein Reich komme!" Wir suchen Frieden. Wir suchen Gerechtigkeit. Wir können es nicht hinnehmen, dass die Menschen an Kriegen zugrunde gehen oder am Hunger oder dass unsere moderne Lebensweise die Schöpfung zerstört. Wir wissen zugleich, dass der Unfriede auch von uns selbst ausgeht und das Unrecht seinen Ursprung auch in uns selbst hat. Darum kann niemand dein Reich schaffen außer dir selbst, und wir bitten dich, bewahre deine Welt vor der Tatkraft und den zerstörerischen Einfällen der Menschen. Nicht, dass wir in den Himmel kommen, erbitten wir, sondern dass du die Welt verwandelst in dein Reich.

Wir sagen: „Dein Wille soll geschehen." Das erscheint überflüssig, denn er geschieht ohnehin täglich und überall in der ganzen geschaffenen Welt. Es sind nur wir Menschen, denen die Freiheit gegeben ist, ihn zu hindern, und bei uns wird er immer nur geschehen, wo wir ihm Raum geben. Die Weltgeschichte ist der jahrtausendealte Beweis. Wir bitten also dringend, wir bitten unter Aufbietung aller Kräfte: Setze endlich deinen Willen durch und nimm uns selbst zu Werkzeugen deines Willens! Und wenn dein Wille sich gegen unsere Wünsche richtet, gegen unsere Hoffnungen, gegen unseren Lebenswillen, wenn uns die Krankheit bestimmt, die Armut, Leiden oder Tod und wir uns vor deinem Willen fürchten, dann hilf uns, ihn anzunehmen. Denn wo könnten wir Erfüllung finden oder einen Sinn sehen in unserem Leben, wenn nicht darin, dass unser eigener Wille mit deinem Willen ins Einvernehmen gelangt? Forme also unseren Willen nach dem Bild deines Willens, so dass wir uns freuen können, wenn er geschieht, auch gegen unsere Wünsche. Setze ihn also durch nicht nur im „Himmel", sondern auch auf unserer Menschenerde, und lass ihn nicht nur allgemein in der Welt geschehen, sondern auch bei uns und durch uns.

Wir sagen: „Unser tägliches Brot gib uns heute." Das Brot also, dass uns täglich nötig ist, und soviel dieser Tag verlangt. Aber mir scheint, diese Bitte meine eigentlich etwas anderes. Das Wort, das im griechischen Text für „täglich" steht, könnte auch heißen „künftig". Gib uns also unser „künftiges Brot". Jesus sprach ja immer wieder von dem künftigen Festmahl, das wir feiern werden bei dem großen Umbruch aller Dinge. Jesus könnte also gemeint haben: Diese Speise im kommenden Reich, dieses künftige Brot gib uns schon heute! Es ist Zeit. Der Hunger unserer Seele ist groß und dauert schon allzu lang. Diese Zeit des Hungers nach Erlösung dehnt sich. Kürze sie ab! Gib uns dieses künftige Brot heute.

„Und vergib uns unsere Schuld", sagen wir. Was ist Schuld? Sie ist Eigensucht, Lieblosigkeit, Verstummen, Gleichgültigkeit. Wir sagen: Unsere Schuld trennt uns von dir, Gott, wie auch von den Menschen um uns her und auch von uns selbst. Jeden Tag, an dem sie weiter besteht, wird die Trennung endgültiger. Wir leiden darunter, dass wir anderen Unrecht zufügen und die Folgen unseres Tuns nicht auslöschen können. So bitten wir um Vergebung, das heißt: um einen neuen Anfang. Denn wir können nicht frei und glücklich leben, solange wir unser Versagen und Versäumen mit uns herumtragen. Dass es uns damit ernst ist, zeigen wir damit, dass wir anderen nicht anrechnen, was sie gegen uns denken, reden oder tun. Wenn wir freilich dein Vergeben so eng an unser eigenes gütiges Vergeben binden, dann setzen wir damit ein gefährliches Maß. Wir möchten deshalb gerne bitten: Vergib uns auch, wo wir selbst nicht vergeben können. Vergib uns mehr, als wir selbst vergeben. Aber das Gebet hat keine Ermäßigung bereit. Es lautet hart und klar: Vergib uns unsere Schuld nach demselben Maß, in dem wir denen vergeben, die an uns schuldig werden.

Wir sagen: Bewahre uns davor, in die „Versuchung" zu geraten. Damit ist aber etwas gänzlich anderes gemeint, als was uns dabei sofort einfallen mag. Uns fällt etwa ein verheirateter Mann ein, der eine attraktive Frau sieht, oder der Zigarettenautomat fällt uns ein. Mit solchen Gefährdungen, so scheint Jesus überzeugt zu sein, können wir auch selbst mit einiger Disziplin fertig werden. Nein. Versuchung bedeutet in der Zeit und in dem Land, in dem Jesus lebte, auch etwas ganz anderes und Bestimmtes. Es wollte sagen: Wenn die großen Katastrophen der Endzeit und des Weltuntergangs über uns hereinbrechen, wenn in alles Maß sprengendem Leiden die ganze Erde versinkt und verdirbt, wenn wir abstürzen in einen Abgrund des Schreckens und des Grauens, dann halte uns fest. Denn dann ist unser Glaube gefährdet. Dann geraten wir in die Gefahr, dass wir wie alle anderen im großen Unglück dir absagen, dir fluchen. Führe uns nicht in diese Gefahr! Lass, wenn das alles geschieht, unsere Hand nicht los! Wir sagen also, wenn wir das Wort „Versuchung" gebrauchen: Es geschieht in dieser Welt so unendlich viel, dessen Sinn wir nicht verstehen. Bewahre uns davor zu sagen: Es ist alles sinnlos. Es wird so unendlich viel und täglich gelogen, gefälscht, getäuscht. Bewahre uns davor zu sagen: Es gibt keine Wahrheit. Es gibt so viel Leid und Elend überall. Bewahre uns davor zu sagen: Es ist kein Gott, der es wahrnimmt. Lass uns also nicht in die Gefahr geraten, in die einzige wirklich tödliche Versuchung, deine Hand loszulassen, Vater im Himmel!

„Erlöse uns von dem Bösen", sagen wir. Damit ist gemeint: Alles, unsere ganze Menschenwelt, ist in den Pranken des Bösen. Gewalt und Bosheit herrschen unbegrenzt, und wenige nur setzen ihnen wirklich etwas entgegen. Die Gefahr ist, dass wir glauben: Das Böse oder der Böse – das Wort lässt offen, ob das Böse eine anonyme Macht oder ob es eine personähnliche sei – hat die letzte Macht. Wir bitten dich also dringend: Löse die Gewalt, mit der das Böse oder der Böse – gleichviel – uns im Griff hat. Denn wir möchten, nein wir müssen glauben dürfen, dass du bist, dass du die Macht hast, dass du uns in unserem Elend zugewandt bist, dass wir uns auf dich verlassen können und dass du uns einer Zukunft entgegenführst, in der es ein Aufatmen für uns gibt, in der es möglich ist, ohne Angst zu leben.

„Dein ist das Reich." So beginnt der Abschluss des Vaterunsers. Das ist keine Bitte mehr. Es ist eine Feststellung. Damit sagen wir: Du bist letztlich der Herr. Du bestimmst, was geschieht. Auch mit uns. Auch mit dieser ganzen Erde. Du bist der große Ursprung der Welt und aller Welten, die es je gab und je geben wird. Du bist das Ziel, auf das alles zuläuft. Du bist der, der auch den kurzen Augenblick, in dem wir Menschen unsere Tage verbringen, in der Hand hat, der ihn bestimmt und gestaltet, und dir vertrauen wir, heute, immer den folgenden Tag an.

„Dein ist die Kraft", sagen wir. Aus ihr kommt die ganze Entwicklung dieser Welt seit dem Urknall. Mit deiner Kraft wirst du die Welt an ihrem Ende auffangen und erneuern in unendlichen neuen Anfängen. Denn es ist keine Kraft in der Welt, in der du nicht wirktest; kein Gesetz kommt anderswo her als aus deinen

Gedanken. Kein Ding nehmen wir in Gebrauch, das sein Wesen nicht hätte aus deiner Kraft. Und wir selbst bringen unsere Kraft ein in das Spiel aller Kräfte, die aus dir sind, denn wir wissen: auch die kleine Kraft, mit der wir unser Werk tun, ist aus dir.

„Dein ist die Herrlichkeit", so schließen wir. „Herrlichkeit" ist ein nicht ganz deutliches Wort. Was der Jude von damals damit meinte, drückte er in dem hebräischen Wort „kabod" aus. Es bedeutete: das Gewicht, das Gott für diese Welt darstellt, die Heiligkeit, die schöpferische Kraft, die erschreckende Souveränität, die ihm eignet. Die unendliche Wesentlichkeit gegenüber aller Scheinbarkeit. Das unendliche Maß an Realität, demgegenüber das, was wir Realität nennen, sich schon fast ins Nichtreale verliert. Zugleich aber ist diese Wirklichkeit die Quelle dessen, was auf dieser Erde wirklich ist. Wir sagen also: Was es an Größe gibt in dieser Welt, ist groß, weil du es bist. Alles Staunenswerte, das wir Menschen schaffen, hat seine Herrlichkeit von dir. Alle Schönheit ist Abglanz deiner Schönheit. Das Beste an unseren Gedanken, das Beste, das uns gelingt, ist Anteil an deiner Herrlichkeit. Und all das gilt „in Ewigkeit".

Wenn wir also wollen, können wir das Vaterunser noch einmal lesen, mit Versuchen einer deutlicheren Übersetzung, die seinen Sinn da und dort vielleicht ein wenig besser zeigen:

Unser Vater, Gott,
der Du uns aus Deiner Verborgenheit heraus ansprichst,
Du sollst uns heilig sein.
Verwandle die Welt in Dein Reich.
Setze Deinen Willen durch
dort, wo wir ihn wahrnehmen
und dort, wo er uns verborgen ist.

Das Brot, das für uns in Deinem Reich bereitliegt,
gib uns heute.
Löse uns aus der Verstrickung in unsere Verfehlungen,
wie wir diejenigen aus ihrer Verstrickung lösen,
die an uns schuldig werden.
Lass uns nicht in die Gefahr geraten, Deine Hand loszulassen,
sondern mache uns frei von der Macht des Bösen.
Denn Du bist der Kommende,
Du hast die Macht.
Du bist der Heilige, jetzt und in Ewigkeit.

Heiterkeit und Leichtigkeit

Wenn ich Jesus seine Geschichten erzählen höre, fühle ich mich nahe bei der Erde. Dann höre ich von einem Acker, von einer Quelle, von Bäumen oder Blumen, von Sturm und Unwetter, von Abend- und Morgenrot, vom Licht und vom Feuer, von Brot und Wein, von den Fischen im See und den Schafherden in der Steppe und von den Menschen auf den staubigen Straßen seiner Heimat.

Wenn ich Jesus vom Reich Gottes sprechen höre, dann sehe ich es wie Weizen aus der Erde wachsen oder wie einen Baum aus einem Saatkorn. Dann sehe ich es von Unkraut bedroht und am Weg vertrocknen. Und mir scheint, Jesus sei der Auffassung gewesen, Himmel und Erde, Außenwelt und der Innenraum der Seele seien einander näher als wir meinen, es seien hier wie dort die gleichen Gesetze und Kräfte am Werk. Wenn du etwas Unsichtbares begreifen willst, so scheint er zu sagen, dann tu die Augen und die Ohren auf und nimm wahr, was nah bei dir, mitten im banalen Alltagsleben, geschieht. Er hat nie eine Religion vertreten, die im Kult allein stattfindet oder in den Gedanken allein, eine Religion, die keine Erdberührung hätte und an dieser Erde nichts bewirkte. Ich kann darum auch nicht recht glauben, dass er von Leuten verstanden werden kann, die ihren Empfindungen misstrauen, ihre Erfahrungen verdrängen oder ihre Sinne in kontrollierende Gedanken einzäunen und sich allein auf ihren angeblich so klaren Kopf verlassen möchten.

Nein, Jesus scheint überzeugt zu sein, dass Himmel und Erde, sichtbare und unsichtbare Welt ineinander liegen. Wenn er das Reich Gottes im Bild eines Senfkorns schildert oder im Bild von Wachstum und Reife, so scheint er zu sagen, etwas wie Wachstum und Reifezustand gebe es auch in der unsichtbaren Welt. Wenn er das Reich Gottes mit einem Sauerteig vergleicht, den eine Frau in den Brotteig mengt, so scheint er zu sagen, das Reich Gottes sei gerade nicht etwas ganz anderes, sondern auf unsere Wirklichkeit so abgestimmt, dass es sie auf leise Art durchdringen und verändern kann.

Wir sind Menschen der Erde. Wir sind Leben aus dem Leben der Erde, und wie an ihr soll in uns etwas wachsen, aufkeimen, blühen und reifen. Über den Acker sollen wir gehen auf der Suche nach dem Himmelreich. Zu unseren Füßen, so erzählt Jesus, in der warmen, feuchten Erde, ist der Schatz verborgen, der uns zugedacht ist. Nicht in den Wolken, die unsere Phantasie an den Himmel unserer Hoffnungen zaubert, steht er. Er ruht in der konkreten Wirklichkeit unserer eigenen Seele.

❧

Als an Weihnachten 1999 der schwere Orkan das Médoc, an dessen Küste meine Frau und ich einen Garten angelegt hatten, zerstörte, als die Wälder zu einem riesigen Chaos in sich zusammengestürzt lagen und der Sturm die Gischt hochgewirbelt und die Bäume und Büsche mit Salz überdeckt hatte, starben auch viele Büsche unseres Gartens. Am Salz. Die Knospen, die für das Frühjahr bereitstanden, waren schwarz und tot. Als ich einige Monate später durch den Garten ging, sah ich plötzlich, wie an den scheinbar toten Stämmchen und Ästen der Büsche unzählige winzige rote Punkte erschienen, an denen neue Knospen entstehen wollten. Ich sah plötzlich eine pralle, drängende Lebendigkeit in der Landschaft des Todes, und ich verfolgte von da an von Stunde zu Stunde nicht viel anderes als das Größerwerden dieser roten Punkte, aus denen Knospen wurden und danach Blätter und Blüten. Die Weltpolitik war unendlich fern. Das Geheimnis des Lebens hatte mich völlig gefangen genommen. Die Blüten an den Büschen hätten auch geblüht, wenn ich sie nicht wahrgenommen hätte. Aber die eigentliche Schöpfung geschah in mir. Ich sah. Ich staunte. Ich konnte das Geheimnis des Lebens mit Händen greifen. Und ich hörte immerfort, wie mir überall zugerufen wurde: Schau! Schau hin! Schau die lebendige Kraft in diesen zarten Knospen mitten in dieser Landschaft des Todes! Es gibt im Augenblick nichts Wichtigeres. Und nichts ist wichtiger als dieser Augenblick.

Schauen ist der Anfang der Erfüllung. Erfüllung kann nicht gewollt werden. Sie geschieht, wo wir unser Ego auf die Seite stellen und anfangen aufzunehmen, was wir schauen. Jesus zeigt uns die Schönheit der Lilien auf dem Feld: „Schaut! Und legt eure Angst und Sorge ab! Macht euch keine Sorgen um euer Leben. Sagt nicht: Was sollen wir essen? Was sollen wir trinken? Was sollen wir anziehen? Ihr habt euer Leben von Gott, das ist mehr als die Nahrung, die ihr braucht. Gott gab euch den Leib, das ist mehr als die Kleidung. Schaut auf die Vögel, die überall herumfliegen. Sie säen nicht, sie ernten nicht, sie sammeln keine Vorräte in Scheunen; euer Vater im Himmel ernährt sie. Seid ihr nicht viel kostbarer als sie? Und was sollen Sorgen nützen? Wer kann mit seinen Sorgen erreichen, dass die Zeit seines Lebens auch nur um einen halben Meter länger wird? Und was sorgt ihr euch um Kleider? Lernt bei den roten Anemonen hier, die sich auf allen Bergen Galiläas wie ein Meer aus glühendem Rot die Hänge herabziehen, wie sie wachsen. Sie arbeiten nicht. Sie spinnen nicht. Sie blühen einfach, wo immer die Sonne scheint und der Regen fällt. Ich sage euch: Auch ein Salomo in all seiner Pracht war nicht gekleidet wie eine von ihnen. Wenn aber Gott das Gras, das heute steht und morgen verbrannt wird, so kostbar kleidet, wird er nicht viel mehr für euch sorgen, ihr Anfänger im Glauben? Verzehrt euch also nicht in der Sorge: Was essen? Was trinken? Was anziehen? Um all das kreisen die Gedanken der Leute, die von Gott nichts wissen. Euer Vater im Himmel weiß, dass ihr das alles braucht. Setzt euch ein für das Reich Gottes und für die Gerechtigkeit, die er will. Das Übrige wird euch zufallen. Sorgt nicht für den kommenden Tag. Der wird für sich selbst sorgen. Es ist genug, dass jeder Tag seine eigene Mühe hat" (Matthäus 6, 25–34).

Es mag uns neu sein, aber ich sehe in Jesus etwas ungemein Heiteres. Einen Menschen mit einer Überlegenheit, die sich zugleich wunderbar gütig gibt, mit einer großen Achtsamkeit auf Menschen und Dinge. Aber diese Heiterkeit ist alles andere als naiv. Aus ihr ergibt sich ein Leben, das realistisch bleibt und mühevoll, das aber gelöst und unverkrampft von dem zehrt, was ein gnädiger Gott oder ein gnädiges Schicksal ihm vor die Füße legt. Und Seligkeit ist die Freude, die heitere, unantastbare Freude, die aller Erfahrung an Gewicht überlegen ist. Denn die Seligpreisungen und die Regeln zur Sorglosigkeit sind Umkehrgesetze. Sie sagen: Wo du tatsächlich nichts mehr tun kannst, beginnt deine Freiheit. Um Hoffnung zu gewinnen, musst du die Hoffnung auf dein eigenes Werk lassen können. Um Halt zu finden, musst du dich loslassen. Um Sicherheit zu finden, musst du aufhören, dir Sicherheit zu schaffen. Wenn du das Leben finden willst, musst du das Leben und seine unberechenbare Lebendigkeit lieben.

❋

Einmal kamen die Mitarbeiter Jesu an den See zurück zu ihrem Meister, der sie in die Dörfer ausgesandt hatte. Erfüllt von dem Drang zu erzählen, was ihnen alles gelungen war, kamen sie an und fanden ihn umdrängt von Menschen, die ihm ihre Not und Sorge brachten. Da, mitten in der Überfülle der Arbeit, sagte Jesus: „Lasst uns an einen einsamen Ort gehen und ein wenig ruhen!" Und sie stiegen in ein Schiff und fuhren ans andere Ufer hinüber in die Einsamkeit. Sie allein. Und es ist gut, wenn wir dieses Wort hören: Komm! Fahr hinüber in die Stille. Wenn viel zu tun ist, tu nichts und lass etwas geschehen. Wie willst du mit dir selbst einverstanden bleiben oder es werden, wenn du in dir selbst keinen Raum findest zu ruhen? Wie willst du einig bleiben mit dem anderen oder mit der Welt, wenn es keinen Raum gibt, in dem du mit allen zusammen in die Stille eintreten kannst? Wie willst du eins sein mit Gott, solange das Haben dich hat und das Besitzen dich besitzt? Liebe, was in dir ist. Und liebe alles, dem du begegnest. Wenn du nicht lieben kannst, was in dir ist, so wird es auch mit deiner Liebe zu anderen Menschen nicht weit her sein.

Jesus hatte einige sehr verschiedene Seiten. Er war auch der mystische Augenblicksmensch, der in der Leichtigkeit lebt, die dort entsteht, wo der Wille Gottes an die Stelle getreten ist, an der sonst der Wille des Menschen sich durchzusetzen pflegt. Der Mensch, der dem Augenblick wach entgegentritt mit großer heiterer Kraft. Der Mensch, der für etwas eintritt, auch kämpferisch, von dem er weiß, dass es am Ende unbedroht ist.

Und in dieser Leichtigkeit, mit der er über Blumen und Vögel spricht, höre ich ihn sagen: Weißt du eigentlich, wie lebendig, wie farbig dein Leben sein kann? Wieviel Wahrheit, wieviel Schönheit und Frieden es für dich hat? Recke die Flügel! Vertrau dich dem Element an, das dich hebt! Verlass dich darauf, dass der Himmel fest bleibt und die Luft trägt. Und er meint mit alledem die Freiheit und Kühnheit, die dadurch möglich werden, dass einer aufhört, sich selbst im Weg zu stehen. Jesus sucht die Menschen, die

die Hände frei haben, die ihre Kraft, ihre Phantasie und Liebes-
fähigkeit einsetzen können, wo es nötig ist, in ihren vier Wänden,
vor ihrer Tür oder sonstwo. Sorglosigkeit und entschlossener
Einsatz aber sind bei ihm keine Gegensätze. Sie bedingen einander. Nicht sorgen – das heißt das Notwendige tun um des Reiches
Gottes und seiner Gerechtigkeit willen. In voller Freiheit. Ohne
Angst um das eigene Sein. Ohne Angst um die eigene Freiheit.
Ohne Angst um die eigene Selbstverwirklichung. Was zu verwirklichen ist, ist das Reich Gottes und seine Vollendung in Gerechtigkeit, alles übrige widerfährt uns nach dem Willen Gottes und hat
darin seinen Sinn.

Es gibt in der mittelalterlichen Literatur ein wundervolles Bild für
diese sorglose Freiheit. In Gottfried von Straßburgs „Tristan" segelt der Held auf Brautfahrt nach Irland. An seinem Schiff hat
man ihm die Ruder und das Steuer zerstört. Steuerlos segelt er
seinem Ziel zu, nur mit einer Harfe in der Hand, und die Musik,
die von ihm ausgeht, führt ihn am Ende an sein Ziel. Die Musik
seines Herzens oder die Musik der Sphären, wie immer man sie
beschreiben will. Er sichert sich nicht, er wählt seinen Kurs nicht
selbst. Er lässt sich von Klängen leiten. Und er wird dabei ein
überlegener, glücklicher Mensch, der erreicht, was er gesucht hat.

VII

ER ZEICHNETE BILDER
DES MENSCHEN

Mit drei Gruppen hatte er es zu tun

Sehen wir uns die Rahmensituation an: Jesus ging nicht über
Land, um einen Orden zu gründen oder auch eine Kirche zu eta-
blieren. Er bemühte sich vielmehr, die Menschen in eine offene,
lebendige Bewegung mitzunehmen. Wir könnten sie die „Jesusbewegung" nennen. Diese Bewegung bestand aus zwei Flügeln.
Zum einen aus Menschen, die alles verließen, ihr Haus, ihren Beruf, ihre Familien, und die nun unterwegs waren von Dorf zu
Dorf, heimatlos und ungesichert, wie der Meister selbst lebte.
Zum anderen aus Leuten, die in ihren Häusern blieben, in ihren
Berufen und Dorfgemeinschaften, die sich aber Jesus zurechne-
ten, die der wandernden Gruppe da und dort als Rückhalt dien-
ten und bei denen Jesus dann und wann einkehrte.

Der Flügel der wandernden Asketen bestand wohl aus kaum
mehr als hundert Leuten, deren Kern die zwölf waren, die wir
„Jünger" oder „Apostel" nennen und deren Namen uns zum Teil
bekannt sind. Es ist einmal von siebzig Jüngern die Rede, die Jesus in die Dörfer Galiläas ausgesandt habe. Alle anderen, die sich
zu Jesus zählten, blieben in ihrem Besitz. Maria und Martha, bei
denen Jesus Rast machte, zogen nicht mit ihm über Land. Der
königliche Beamte, dessen Sohn von Jesus geheilt wurde, verließ
seinen gesicherten Stand keineswegs. Im Haus der Familie des
Petrus in Kafarnaum hatte Jesus wohl zu Zeiten sein Standquar-
tier. Den Oberzöllner Zachäus in Jericho pries er selig, obwohl

dieser weder sein Haus noch seinen anrüchigen Beruf verließ. Dieser sesshafte Teil der Jesusbewegung war gewiss größer als die wandernde Gruppe und bestand vielleicht aus einigen hundert verlässlichen Freunden.

Dazu aber kam nun jener große Kreis von Menschen, die ihm in den Dörfern zuströmten, um ihn zu hören, die ihre Kranken zu ihm brachten in der Hoffnung, er könne sie heilen, die mit ihm diskutierten, wohlwollend oder auch misstrauisch, die gelegentlich zu Tausenden an irgendeinem Berghang vor ihm saßen oder die sich in den Gassen drängten, während er in einem überfüllten Haus sprach. Dieser Kreis dürfte sehr unterschiedlich groß gewesen sein je nach dem Ort, an den Jesus kam, oder je nachdem, ob die Menschen ihn verstanden oder nicht. Wenn wir aber seine Weisungen lesen, so wird es wichtig sein zu beachten, an wen unter diesen drei Gruppen sie jeweils gerichtet sind.

Er berief Menschen, die entschlossen waren, unterwegs zu sein

Einmal fragte ihn einer: „Guter Meister, was muss ich tun, damit ich das ewige Leben gewinne?" Jesus gab zur Antwort: „Wie kommst du dazu, mich gut zu nennen? Niemand ist gut, nur Gott. Du kennst seine Gebote." Der Mann erwiderte: „Die habe ich alle eingehalten seit meiner Jugend." Jesus sah ihn an und gewann ihn lieb: „Eins fehlt dir. Geh nach Hause, verkaufe alles, was du hast, und gib es den Armen. Dann komm und geh mit mir." Da ging der traurig seiner Wege, denn er war reich (Lukas 18, 18–23).

„Er gewann ihn lieb." Dieses Wort kann man auch übersetzen mit: Er berührte ihn. Er strich ihm mit der Hand übers Haar. Es liegt etwas von Zärtlichkeit in dem Ausdruck. Er sieht seine Ernsthaftigkeit. Er traut ihm die große Entscheidung zu und will ihn in die Gruppe der wandernden Jünger aufnehmen. Er sagt ihm – mit anderen Worten: Frage nicht nach dem ewigen Leben. Tu den großen Schritt, der deinem Weg seinen außerordentlichen Sinn geben wird. Komm und wandere mit mir durchs Land. Kümmere dich nicht um dein eigenes Weiterkommen, sondern um das Wohl und das Heil der Menschen. Ich kann dich brauchen. Sei ein freier Mensch, verfügbar, beweglich, offen für die täglich neue Situation der Menschen, die dir begegnen.

Der junge Mann, das ist deutlich, sucht das Ganze. Den Sinn, den sein Leben haben könnte. Er will sich nicht mit dem bloßen Vorhandensein begnügen, er sucht das Lohnende, zum Ziel Führende. Aber er sucht es so, dass es als Ergänzung zu dem, was er ist und hat, hinzutreten sollte. Er ist reich. Er ist angesehen. Er ist ein anständiger Mensch. Und zu dem hinzu sucht er, was Jesus mit dem Reich Gottes meint. Aber Jesus stillt den religiösen Besitztrieb nicht durch die Addition von immer mehr Besitz, sondern durch einen Reichtum, der an die Stelle des Besitzes tritt. Er ergänzt das, was ein Mensch hat, nicht durch himmlische Werte, sondern will ein offenes Hin und Her, eine neue Gerechtigkeit zwischen den Reichen und den Armen. Der junge Mann scheitert. Er geht traurig seiner Wege.

Wir können uns natürlich fragen, was diese Geschichte einem heute und im Raum einer abendländischen Industrienation lebenden Menschen zeigen könne. Tatsache ist doch, dass niemand von uns, auch kein noch so konsequenter Christ, alles verkauft, was er hat, und den Erlös an irgendeine karitative Organisation weitergibt, um dann ohne Geld, ohne Besitz, ohne Alterssicherung, ohne Wohnung, ohne Beruf nach den Weisungen zu leben, die er von Jesus gehört hat. Ich tue es auch nicht. Was geht uns die Geschichte also überhaupt an? Und in der Tat: Diese Art Entscheidungen mögen Sinn und Raum in der einmaligen Situation in Galiläa zur Zeit Jesu gehabt haben. Aber wir sollten uns schon auch zu Zeiten prüfen, was uns davon abhält, Entscheidungen vergleichbarer Gründlichkeit zu treffen. Wir würden vielleicht verstehen, wie es kommt, dass in unserem reichen und saturierten Land die Frage nach dem Sinn des Lebens so klaffend weit offen steht.

Aber zurück zu Jesus. Den, der eine solche Entscheidung treffen will, warnt Jesus eindringlich. Er rät ihm, sich zu prüfen, ob die Aufgabe, die er übernimmt, nicht seine Kraft durchzuhalten übersteigen wird. Er sagt: „Wer einen Turm bauen will, setzt sich vorher, rechnet die Kosten und prüft, ob er das Geld hat, ihn zu vollenden. Sonst legt er das Fundament und kann nicht zu Ende bauen, so dass die Zuschauer anfangen zu spotten: Der hat angefangen und kann es nicht hinausführen!" (Lukas 14, 28–30). „Welcher König plant einen Krieg gegen einen anderen König und setzt sich nicht zuvor und überlegt, ob er mit zehntausend Mann dem begegnen kann, der ihm mit zwanzigtausend entgegenkommt?" (Lukas 14, 31). Im Thomasevangelium – einer in Ägypten überlieferten Sammlung mit Aussprüchen, die man Jesus zuschrieb – steht ein Wort, von dem wir vielleicht meinen, wir könnten es in seiner Härte Jesus nicht zutrauen, das aber doch mit hoher Wahrscheinlichkeit auf ihn zurückgeht: „Ein Mensch wollte einen mächtigen Mann töten. Er zog das Schwert in seinem Hause und stieß es in die Wand, um zu erkennen, ob seine Hand stark genug wäre. Dann tötete er den Mächtigen."

Es ist ein Wort jenes kompromisslosen Jesus, den wir gerne verdecken oder ins Sanfte verkehren. „Wenn jemand mit mir meinen Weg gehen will, dann sehe er von seinen eigenen Interessen ab." „Die Tür ist eng und der Weg ist schmal, und wenige sind es, die ihn gehen können." „Ihr seid das Salz der Erde", sagt er ihnen. „Wenn das Salz seine Schärfe verliert und fad wird, wie soll man es wieder salzig machen? Es taugt zu nichts weiter als dazu, dass man es auf die Gasse wirft und die Leute es zertreten." Salz hindert die Fäulnis. Salz in offener Wunde brennt. Wenn man euch so empfindet, dann seid ihr nahe bei eurem Auftrag. „Ihr seid das Licht der Welt. Eine Stadt auf einer Höhe kann nicht verborgen sein. Man zündet auch nicht eine Lampe an, um einen Kessel über sie zu stülpen. Nein, man stellt sie auf einen Leuchter. So soll euer Licht vor aller Augen brennen" (Matthäus 5, 14–16).

Was Jesus dem sagt, den er ruft, ist etwa dies: Du kannst ein Mund sein, durch den Gott zu Menschen spricht. Du kannst ein Auge sein, das tiefer in die Geheimnisse der Welt schaut als die anderen. Du kannst ein Ohr sein, das mehr hört als sonst zu hören ist. Du kannst eine Hand sein, durch die Gott in dieser Welt wirkt. Du bist für das Reich bestimmt, das kommende. Du bist ein Stück Zukunft in der stumpfen Sesshaftigkeit der Menschenwelt. Setze dein Leben auf ein einziges Wagnis und lege die Richtung deines Weges eindeutig fest.

Nachdem Jesus, so wird uns berichtet, eine Anzahl Begleiter zu Mitarbeitern bestimmt hatte, sandte er sie in die Dörfer und Städte Israels und gab ihnen Weisungen auf den Weg mit: „Führt kein Geld mit euch in euren Taschen. Keine Silber- und keine Kupfermünze. Nehmt kein zweites Kleid mit, kein zweites Paar Schuhe. Nehmt auch keinen Stock mit und keine andere Waffe, euch zu schützen vor Tieren und Menschen. Keine Lebensmittelvorräte. Wer arbeitet, darf erwarten, dass er versorgt wird. Geht als Bettler durchs Land. Anders werdet ihr nicht glaubwürdig sein. Kehrt unterwegs in kein Wirtshaus ein. Lasst euch nicht aufhalten. Wenn ihr ein Haus betretet, dann grüßt es mit dem Wort des Friedens. Wohnt dort ein Mensch, der den Frieden liebt, wird euer Friede das Haus erfüllen. Wenn nicht, dann wird euer Friede mit euch weiterziehen. Wenn man euch irgendwo nicht hören will, dann schüttelt den Staub des Orts von euren Füßen und lasst ihn hinter euch" (Matthäus 10, 9–13).

„Was ich euch in verschwiegener Nacht sage, das sagt am Tage den Menschen ins Ohr. Und was euch leise zugesprochen wird, das ruft auf den Märkten öffentlich aus" (Matthäus 10, 27). „Was ihr dann sagt über das, was Gott vorhat, wird vielen nicht gefallen. Ihr werdet oft einsam dastehen. Ablehnung ringsum. Dann geht geradeaus. Bis ans Ende. Es gibt keinen anderen Weg. Die Herrschenden werden euch vor Gericht bringen, sie werden euch gefangensetzen und foltern. Aber fürchtet euch nicht. Nichts geschieht im Verborgenen, auch nicht in Polizeistationen und Gefängnissen, das nicht ans Licht käme. Vielleicht werden sie euch zum Tode verurteilen. Dann nehmt das Kreuz auf die Schulter, an das sie euch hängen werden, und tragt es hinaus an den Ort der Hinrichtung. Wer an seinem Leben hängt, wird es verlieren. Und wer sein Leben opfert in der Hingabe an Gottes Willen, wird es finden. Ihr bringt ein Feuer mit. Ein Feuer von mir, dem Brandstifter. Ja, ich will ein Feuer anzünden, in dem viel verbrennen wird von dem, was früher galt und bis heute gilt, und nichts wünschte ich sehnlicher, als dass es in Flammen stünde.

Wenn sie euch aber vor Gericht verhören, dann macht euch keine ängstlichen Gedanken, wie ihr auftreten und was ihr sagen sollt, denn das wird euch gegeben werden. Ihr braucht eure Sache nicht selbst zu führen, denn der Geist des Vaters redet durch euren Mund. Er offenbart die Wahrheit. Er tritt für euch ein. Fürchtet euch nicht vor den Mördern in den Richterroben, die den Leib töten können. Die Seele töten sie nicht. Kauft man nicht zwei Spatzen um einen Pfennig? Dennoch fällt keiner von ihnen von einem Baum, wenn euer Vater nicht will. Bei euch aber sind die einzelnen Haare auf eurem Haupt alle gezählt. Ihr seid Gott kostbar, mehr als alle Spatzen zusammen" (aus Matthäus 10). Ihr geht wehrlos unter die Wölfe. Wenn Schafe allein sind, lecken sich die Wölfe das Maul. Ihr werdet einsam sein. Man wird euch belächeln. Ablehnung ringsum. Naserümpfen, Schulterzucken. Dann geht weiter und seht auf mich. Es wird euch nicht unbedingt besser gehen als mir. Mich nennen sie einen Verrückten. Euch werden sie Dummköpfe nennen. Mich nennen sie einen Teufel, vielleicht werdet ihr in ihren Augen Verbrecher sein. Wenn aber die ersten Christen nach Ostern auf ihre Reisen gingen, dann wussten sie sich so, wie sie von der Aussendung der Jünger durch Jesus berichteten, von Christus ausgesandt, begabt, geschützt und getröstet.

❧

Aber noch eins: Jesus zerbricht auch die persönlichen Bindungen: „Wenn jemand nicht Vater und Mutter, Weib und Kind, Brüder und Schwestern und dazu sein eigenes Leben hinter sich lässt, kann er mir nicht angehören" (Lukas 14, 26). Er soll aus dem Rahmen des Selbstverständlichen hinaustreten in den des Außerordentlichen. Jesus ruft einmal einen an: „Mir nach!", aber der antwortet: „Lass mich noch die vorgeschriebene Trauerzeit für meinen Vater einhalten!" Da antwortet Jesus: „Lass die Toten für ihre Toten Trauerzeiten beachten! Geh zu den Lebenden!" (Lukas 9, 59f.). Ein anderer spricht ihn an: „Ich will mit dir sein! Aber erlaube mir, dass ich noch einen Abschied feiere mit meiner Familie", und Jesus gibt zur Antwort: „Wenn einer mit seiner Hand den Pflug fasst und hinter sich schaut, taugt er nicht dazu, dem Reich Gottes eine Furche aufzureißen" (Lukas 9, 61 f.). Einer steht zwischen den Zuhörern: „Was du sagst, leuchtet ein. Deine Art überzeugt mich. Ich möchte dich begleiten." Aber Jesus weist ihn ab: „Einer wie ich hat keinen Platz zum Schlafen, wenn es Nacht wird. Kein Versteck, wenn man ihn sucht. Füchse haben ihren Bau, Vögel ihr Nest, ich lebe schutzlos und gefährdet" (Matthäus 8, 20). Wer nur will, was alle wollen, findet bei mir nicht, was er sucht. Der Mann entfernt sich. Vielleicht wird er zu einem Feind. Vielleicht auch kommt er wieder.

Wo das Wort vom Reich Gottes zu sagen ist, wird alles andere zweitrangig. Dann „verkauft" man alles, was man hat. Dann „hackt man die Hand ab", die nach anderem greift. Dann „reißt man das

Auge aus", das nach anderem schaut. Dann hört man keinen Augenblick auf die Menschen, die man zurücklässt, wenn sie umstimmen oder abraten möchten. An die Stelle der Familie tritt für Jesus und für seine Mitarbeiter die Wahlverwandtschaft derer, die auf das Gottesreich hin leben und es für sich und für einander vorwegnehmen. Es ist gewiss historisch begreiflich, dass der Mönch Luther sich vom Mönchtum seiner Zeit losgesagt hat. Aber ebenso deutlich muss uns sein, dass es ein Mangel, ja ein Unglück war, dass aus der Entdeckung des Evangeliums durch die Reformation kein erneuertes Mönchtum hervorgegangen ist. Uns Protestanten fehlen die Vorausgänger auf dem Weg der Nachfolge Jesu. Dass spirituelle Gemeinschaften dieser klaren und strengen Art heute an vielen Orten neu versucht und eingeübt werden, ist ein Zeichen der Hoffnung für unseren spirituell ausgehungerten Protestantismus.

Jesus lebte auch mit denen, die in ihren Häusern blieben

So bleibt die Frage offen, was denn für den sesshaften Flügel der Jesusbewegung, also für fast alle unter uns, Geltung habe. Was sagte er denen, die nicht mit ihm durchs Land zogen, sondern in ihren normalen Verhältnissen blieben? Was hörte die Familie des Petrus in Kafarnaum? Was hörten die Tausende am Tag des Brots auf dem Golan? Was die Fischerfamilien an jenem Tag, an dem er zu ihnen vom Schiff aus sprach? Ihnen allen sagte er im Grunde das Gleiche: Richtet eure Augen in die Zukunft, frei und offen! Achtet auf die Gerechtigkeit, die ihr schaffen könnt. Seht auf den Frieden, der von euch ausgehen kann. Schaut über diese arme Menschenwelt hinaus auf das, was Gott aus ihr machen wird! Alles andere ist zweitwichtig.

Mit all dem half er ihnen, sich und ihre täglichen Probleme leichter zu nehmen als bisher. Er gab ihnen den Mut, ihre täglichen Dinge zu tun und doch über sie hinauszuschauen. Er half ihnen, sich aufzurichten und freie Menschen zu sein. Er zeigte ihnen, wie sie dem Reich Gottes, dem kommenden, ihr Herz öffnen und ihre Kräfte zur Verfügung stellen könnten. Und wenn sie fragten, wie sie das denn schaffen könnten, dann erzählte er ihnen seine Geschichten, zum Beispiel diese:

„Es geht bei Gott zu wie bei einem König, dem einer eine hohe Summe schuldig war. Da der aber seine Schuld nicht bezahlen konnte, befahl der König, man solle ihn verkaufen, dazu seine Frau, seine Kinder und sein gesamtes Eigentum als Ausgleich für seine Schuld. Da warf sich der Mann auf die Knie und bat: ‚Habe Geduld mit mir, ich will dir alles bezahlen.‘ Da tat er dem König leid, der gab ihn frei und erließ ihm seine ganze Schuld. Kurz darauf ging der Mann aus dem Saal und begegnete draußen einem anderen, der ihm einen kleine Betrag schuldig war. Er griff zu, würgte ihn und fuhr ihn an: ‚Bezahle, was du mir schuldig bist.‘ Da flehte der andere: ‚Habe Geduld mit mir, ich will dir alles bezahlen.‘ Er aber wollte nicht, sondern ließ ihn ins Gefängnis werfen, bis er seine Schuld bezahlen würde. Als der König das erfuhr, ließ er ihn kommen und sagte zu ihm: ‚Du übler Bursche! Deine Riesenschuld habe ich dir erlassen, weil du mich gebeten hast. War es nun nicht deine selbstverständliche Pflicht, mit dem anderen so barmherzig umzugehen wie ich mit dir?‘ Danach übergab er ihn in seinem Zorn den Gefängniswächtern und hieß ihn erst wieder freilassen, wenn er seine ganze Schuld bezahlt haben würde“ (Matthäus 18, 23–34). Mit dem König ist Gott gemeint, mit dem Schuldner der Mensch. Tu, sagt Jesus, was Gott tut. Gott selbst ist das Maß. Und er selbst wird dir die Kräfte dazu geben.

Er sagt: Liebe den Menschen neben dir. Aber liebe auch den, der dich hasst und dessen Feind du bist. So wirst du tun, was Gott tut. Denn Gott lässt seine Sonne aufgehen über den Bösen und über den Guten und lässt regnen auf Gerechte und Ungerechte. Wenn du tun willst, was er tut, kannst du dich nicht teilen. Du kannst nicht dem einen Menschen mit Güte, dem anderen mit Hass begegnen. Sei also zu jedem, sei er dir verbunden oder nicht, gütig und mach keine Unterschiede. Wenn du es ernsthaft willst, wird dir Gott die Kräfte geben.

Was du im einzelnen tun sollst, dafür gibt es kein Gebot und keine Richtlinie. Natürlich sollst du nicht töten, wie schon das Gebot sagt. Aber geh weiter. Geh nach innen und frage dich, ob in deinem Zorn gegen deinen Bruder nicht ein heimlicher Tötungswunsch sich ausdrückt. Natürlich sollst du nicht falsch schwören. Aber geh nach innen: Wie viel Lüge muss in dir sein, dass du überhaupt einen Eid brauchst, um glaubwürdig zu sein? Nein, sage, was du zu sagen hast mit einem klaren Ja und einem klaren Nein. Alles andere ist eine verdeckte Lüge.

Oder was hältst du von der Macht, die du über andere Menschen erringen könntest oder ausübst? Schau, was ich tue! Du weißt, wie es überall zugeht: Die Fürsten regieren ihre Völker zugrunde. Die Machthaber halten sie unter der Peitsche. Ich könnte durchaus Macht über euch beanspruchen. Aber ich bin nicht gekommen, damit andere sich mir unterordnen. Ich bin gekommen, um mich wie einen Knecht zu verbrauchen und mein Leben hinzuwerfen, wie man das Geld hinwirft, mit dem man Sklaven freikauft. Es ist ein Verzicht auf viel Befriedigung, wenn du Macht, die du haben könntest, nicht ausübst. Aber es ist ein Versuch, den du durchaus unternehmen kannst.

Und wie steht es mit deiner Liebe zu dir selbst? Selbstverständlich, sie ist dir eingestiftet. Du musst dich lieben, sonst kannst du nicht überleben. Du musst für dich sorgen. Du musst dich schützen, deine Gesundheit, deinen Besitz, dein Recht. Du musst alles tun, um am Leben zu bleiben. Das ist nicht böse, das ist natürlich. Aber nun nimm dich selbst zum Maß für das, was du mit dem anderen Menschen tun musst. Liebe ihn ebenso. Sorge für ihn, schütze ihn. Dass du das kannst, ist schon mit deiner Liebe dir selbst gegenüber erwiesen.

Und wie steht es mit deiner Ehrlichkeit dir selbst gegenüber? Jesus erzählt: Zwei Männer gingen in den Tempel, um zu beten. Der eine ein Pharisäer, also einer von den „Guten", der andere ein Zöllner, also einer von den „Bösen". Der Pharisäer betete im Stillen: „Ich danke dir, Gott, dass ich nicht bin wie die anderen Leute, die Räuber, die Betrüger, die Ehebrecher oder wie dieser Zöllner. Ich faste zweimal in der Woche und gebe den zehnten Teil meines Einkommens als Opfer und Spende!" Der Zöllner stand weiter weg und getraute sich nicht, den Blick zum Himmel zu erheben. Er schlug an seine Brust zum Zeichen, dass er sich seiner Schuld bewusst war und sagte: „O Gott, sei barmherzig mit mir schlechtem Menschen." Merke: was du an dir selbst gut findest, ist in der Regel eine Täuschung. Und was du in dir hast an Schuld, das pflegt sich zu verbergen. Aber Ehrlichkeit überfordert dich nicht. Du kannst sie dir leisten. Deinen Wert bestimmst ohnedies nicht du selbst.

Und wie steht es mit der Gerechtigkeit an der Stelle, an der du stehst? Schau her, im engsten Kreis meiner Mitarbeiter gibt es Frauen. Zum Beispiel diese hier: Johanna. Sie ist die Frau des Finanzverwalters drüben am Hof in Tiberias. Sie hat ihr Haus verlassen, ihre Dienerschaft und ihren Mann und zieht mit mir durch die Dörfer. Nicht mehr nur als die Frau ihres Mannes, sondern als eine freie, selbständige Frau. Ihr Männer: Gebt euren Frauen die Freiheit, selbst zu entscheiden, welchen Weg sie mit euch oder auch einmal ohne euch gehen wollen. Sie haben ihren eigenen Rang, sie sind nicht eure Untertanen. Sie stehen mit euch auf derselben Stufe. Gerechtigkeit fängt sehr häufig an dieser Stelle an. Aber diese Gerechtigkeit kannst du leisten!

Und noch eins: Wie steht es mit deinem Wunsch, anerkannt zu sein? Wie steht es mit deinem Ehrgeiz? Wie steht es mit deiner Befriedigung, wenn man dir einen Orden ansteckt? Oder wenn man dich in der Zeitung erwähnt? Wie sehr beglückt es dich, wenn man dich als einen Star handelt? Nein, strebe nicht danach, höher zu stehen als andere Menschen. Lass dich nicht anreden als „Hochwürden" oder „Exzellenz" oder sonst einem weihevollen Titel, denn kein Mensch steht höher als ein anderer, und nur einer steht über ihnen. „Nenne niemand auf der Erde einen Vater, das heißt eine verpflichtende Autorität, denn nur einer ist dein Vater, der Herr der Welt. Wenn du hochgestellt bist, dann verstehe dein Amt als einen Dienst, nicht nur mit Worten, sondern wirklich. Wer seine Würde hervorkehrt, hat sie eben damit schon verloren. Wer sich als so unbedeutend, so unwichtig ansieht, wie er tatsächlich ist, den wird man hoch schätzen" (Matthäus 23, 1–12).

Es ist ja bemerkenswert, wie hoch in der Geschichte der Kirche die Autorität von führenden Leuten gewertet worden ist, mit welch folgenschwerer Leichtigkeit die Kirche mit ihrer steilen und vielschichtigen hierarchischen Struktur, mit ihrem Vielerlei an Vaterschaften über diese klare Regel hinweggestiegen ist und wie schwer es gerade für sie zu sein scheint, aus der Herrschaft des Ehrgeizes, der Machtausübung und des feierlichen Rollenspiels, in dem man seine Würden zelebriert, herauszutreten und sich einem schlichten und allein maßgebenden Auftrag zuzuwenden!

Er identifizierte sich mit den Verlassenen

Was sagte Jesus endlich über seine Beziehung zu den Heimatlosen, den Rechtlosen, den Hungrigen, den Verurteilten? Er sagt: Wenn du mich zum Maß deines Lebens nehmen willst, dann schau genau hin: In ihnen allen bin ich anwesend. Kein Mensch ist so erbärmlich, dass du nicht anzunehmen brauchtest, du fändest in ihm mich selbst. So erzählt er seine berühmte Geschichte vom letzten Gericht, also von jenem Vorgang an der Grenze unseres Daseins, an der der Ertrag unseres Lebens gewogen wird: „Wenn ich wiederkommen werde, werden sich die Völker vor mir versammeln, und ich werde sie richten. Ich werde die Guten zu meiner Rechten stellen und die Bösen zu meiner Linken. Dann werde ich zu denen zu meiner Rechten sagen: Ich war hungrig, und ihr habt mir zu essen gegeben. Ich war durstig, und ihr habt mich getränkt. Ich war ein Fremdling, und ihr habt mich aufgenommen. Ich war nackt, und ihr habt mich gekleidet. Ich war krank, und ihr habt mich besucht. Ich war im Gefängnis, und ihr seid zu mir gekommen. Denn was ihr einem unter meinen geringsten Brüdern getan habt, das habt ihr mir getan. Zu denen zu meiner Linken werde ich sagen: Was ihr einem unter meinen geringsten Brüdern verweigert habt, das habt ihr mir verweigert" (Matthäus 25, 31–45).

Ihr, die ihr zu mir gehört, könnt also nicht auf der Treppe eurer Bedeutung oder eurer barmherzigen Gesinnung höher steigen und euch von oben her um die kümmern, die so tief unter euch stehen. Ihr müsst schon tiefer steigen, mindestens so tief wie die, die eure Hilfe brauchen, und sie in ihren Dunkelheiten und in ihrem Leid umarmen. Ihr umarmt damit Gott, der in ihnen ist. Ihr umarmt mich, der ich von ihnen rede. Es muss nicht besonders hervorgehoben werden, dass dieses Gleichnis – wie alle anderen – weniger von etwas redet, das in der Zukunft geschehen wird. Es redet von dem, was uns heute für unser heutiges Tun wach machen soll. Nicht davon, dass am Ende der Tage die Menschheit in Himmel und Hölle verteilt und geschieden die Ewigkeit verbringt, sondern davon, ob wir hier Maßstäbe haben, die unser Tun klären und unserem Leben seinen Sinn eröffnen können.

Es war schon die Rede von jenem Mann, der von Jerusalem nach Jericho hinabging, der unterwegs niedergeschlagen und ausgeraubt wurde und um den ein Mann aus Samaria sich ungeachtet der Gefahr, in die er sich dabei begab, und ungeachtet aller Mühseligkeiten kümmerte. Propst Grüber, der sich im Nazireich für verfolgte Juden einsetzte, wurde von Eichmann, dem Verfolger der Juden, gefragt: „Was kümmern Sie sich überhaupt um die Juden?" Grüber antwortete: „Sie kennen als ehemaliger Templer die Straße, die von Jerusalem nach Jericho hinabführt. Auf dieser Straße lag einmal ein Jude, der unter die Räuber gefallen war. Da kam einer vorbei, der kein Jude war, und half. Der Herr, auf den allein ich höre, sagt mir: Tu dasselbe. Das ist meine Antwort." Nicht das staatliche Gesetz, nicht die Wünsche irgendeiner Obrigkeit sind das Maß, sondern der begegnende Mensch.

Wenn du also prüfen willst, wie heilig und gottwohlgefällig du bist und lebst, dann prüfe, ob du das Heilige in den Menschen wahrnimmst. Denn Christus ist im Nichtsesshaften auf der Straße, in den Kriminellen in unseren Gefängnissen, in Dealern und Dirnen und in allen, vor denen dem biederen Bürger graut. Meister Eckhart hat gesagt: „In Gott verlieren sich alle Unterschiede zwischen den Menschen."

Den Armen selbst aber rät Jesus zum Wagnis des Vertrauens. Was er „Sorglosigkeit" nennt, ist freilich nicht der Gleichmut des Weisen, der von der Nichtigkeit des Lebens weiß und auf seine Genüsse zu verzichten versteht, auch nicht die Harmlosigkeit dessen, der vom Verdorren der Blumen und vom Verhungern der Vögel nichts weiß, sondern die Bereitschaft, sich auf etwas zu verlassen, das nicht wahrzunehmen ist. Er legt den Verlassenen gleichsam in den Mund, was sie sagen können: Es gibt Mächte, die mein Leben und meine Seele bedrohen, aber ich brauche mich nicht zu ängsten. Ich kann scheitern mit allem, was ich tue, aber ich bin getragen. Ich kann schwach werden, aber ich brauche nicht auf eigenen Füßen zu stehen. Alles kann mir genommen werden, aber nichts brauche ich festzuhalten; was ich brauche, wird mir gegeben. Ich bin bedroht, aber ich brauche mich nicht zu wehren. Es ist unendlich schwer, das Richtige zu tun. Aber ich brauche nur aufzunehmen, was mir vor die Hand kommt. Es ist ganz unmöglich, unschuldig zu sein. Aber Gott misst mich nicht an meiner Unschuld, sondern an meiner Liebe zu denen, die gleich mir schuldig sind.

Mit alledem sagt Jesus dies: Es gibt einen Weg zum Leben und einen Weg zum Tode. Man kann sich vom Leben faszinieren lassen oder vom Tode. Wer sich vom Tod faszinieren lässt, sagt etwa: Die Welt ist voll Gefahr. Sie ist voller Feinde. Jeder lügt. Glaube niemand. Du bist bedroht. Du musst mit dem Schlimmsten rechnen. Auge um Auge, Zahn um Zahn. Hilf dir selbst, sonst hilft dir keiner. Riskiere keine Experimente. Sorge für deine Sicherheit. Und dabei beherrscht dann der Tod die Szene nachhaltiger als das Leben.

Wer sich vom Leben faszinieren lässt, sagt etwa: Die Zukunft ist offen. Es kann noch viel geschehen, das ich noch nicht kenne. Ich bin gespannt, was morgen sein wird. Bis dahin versuche ich, so intensiv wie möglich zu leben, in möglichst großer Offenheit. Ich baue keine Mauer um mein Leben, sondern breite es aus. Ich möchte mein Leben nicht sichern, ich möchte es einsetzen und im Zweifelsfall hingeben. Ich möchte mich von den Menschen nicht abgrenzen, ich möchte sie in die Arme nehmen. Ich liebe das Leben, und ich bringe meine Lebendigkeit ein.

Wer also den Weg zum Leben gehen will, muss das Leben lieben. Wer immerfort mit dem Tode rechnet, der geht den Weg zum Tode. „Wer sein Leben sichern will", sagt Jesus, „verliert es" (Matthäus 10, 39). Wer bei uns heute vom Anblick des Todes gebannt ist – und das ist ein Merkmal jener depressiven Grundstimmung, die in unseren reichen Ländern verbreitet ist –, der gilt als normal. Als vernünftig, als Realist. Er will sichern, was er hat. Aber er verbaut sich seinen Weg. Denn ein Weg ist nur gangbar, wenn er offen ist. Man kann das Leben nicht sichern, man kann es nur leben. Man kann seine Freiheit nicht sichern, man kann es nur wagen, ein freier Mensch zu sein.

Staunenswert ist immer wieder der Realismus, mit dem Jesus gerade die, denen es am Glück fehlt, zum Vertrauen führen will, eben weil es der einzig wirkliche Weg zum Glück sei. Ich staune über die Konkretheit, mit der er die, die das Glück genießen, zum Tun des Gerechten auffordert, eben weil es für die Glücklichen zu ihrem Glück nötig ist. Wir können jedenfalls wissen, dass das Glück – die Seligkeit, wie Jesus sagt – nicht gemacht wird, sondern zu uns kommt. Dass das Gelingen eines Lebens nicht bewirkt, sondern empfangen wird.

✳

Und was ist mit all dem beiden gesagt, den Wandernden und den Sesshaften? Im Evangelium des Thomas lesen wir: „Werdet Vorübergehende!"

In der nordindischen Ruinenstadt Fathpur Sikri findet sich über dem südlichen Hauptportal der großen Moschee eine Inschrift:

> „Jesus, über dem Friede sei, hat gesagt:
> Die Welt ist eine Brücke.
> Geh über sie hinüber,
> aber lass dich nicht auf ihr nieder."

Das Wort könnte aus einem verschollenen Evangelium stammen, das früh nach Indien gelangte. Es atmet jedenfalls den Geist Jesu. Und es ist kein Widerspruch, wenn Jesus am Ende der Bergpredigt sagt: Bau dein Haus auf ein festes, verlässliches Fundament, und wenn er hier sagt: Bau dir überhaupt kein Haus. Denn das Haus, auf das es für uns ankommt, ist ein Leben, das auf einem festen Grund geführt wird und das im Unterwegs besteht, im Übergang.

VIII

ER REDETE VON DER PRAXIS
DES TAGES

Lebensweisheit ist einfach

Fragen wir die Bibel, was wir in unserem täglichen Leben zu tun hätten, dann spricht sie auf drei Ebenen zu uns. Sie spricht zuerst und zuoberst von Weisungen Gottes, etwa von den „Zehn Geboten". In einer zweiten Schicht darunter spricht sie von vielen einzelnen Maßstäben, die aus der kulturellen Tradition Israels hervorgehen, aus kultischer Ordnung wie den Opfervorschriften des Tempels oder aus Rechtsordnungen wie dem Verhältnis von Mann und Frau. In einer dritten, noch tieferen Schicht liegen Regeln, die aus dem Nachdenken Einzelner hervorgehen, aus der Erfahrung, die sich in Lebensklugheit niederschlägt, wie sie etwa die Weisheitsbücher schildern. Sie ist aber nicht die Lehre eines versunkenen Erleuchteten, sondern die konkrete Anweisung für das praktische Verhalten und Handeln. Diese drei Schichten unterscheiden sich naturgemäß im Grad ihrer Verbindlichkeit.

Wie ich zum Beispiel mit meinem Besitz umgehen oder meine Ehe gestalten soll, sagen mir nicht die Zehn Gebote, das muss ich mir selbst überlegen. Dazu kann ich den Rat eines erfahrenen Menschen suchen. Als Jesus dem reichen jungen Mann gegenüberstand, der ihn fragte, was er tun müsse, um das ewige Leben zu gewinnen, verwies ihn Jesus auf die Zehn Gebote. Als der aber von sich sagte, er habe sie immer eingehalten, ging Jesus mit ihm auf die andere Seite, die der Menschenkenntnis, der Erfahrung, die die Bibel Weisheit nennt: Du bist unfrei durch deinen Besitz. Tu damit etwas, was dir zum Leben und zur Freiheit hilft.

Dabei ist bezeichnend, dass die Bibel ausdrücklich die Vernunft des Menschen aufruft. Sie setzt den Verstand frei, sie gibt ihm sein Recht und seine Aufgabe. Sie sagt immer wieder, Gott gebe nicht nur den Glauben, er gebe vielmehr dem Menschen auch das eigene Nachdenken.

So lesen wir in den Weisheitsbüchern des Alten Testaments: „Einen vorbeilaufenden Hund packt bei den Ohren, wer sich in einen Streit einmischt, der ihn nichts angeht" (Sprüche 26,17). Oder: „Besser ist ein Langmütiger als ein Kriegsheld. Besser ist einer, der sich selbst beherrscht als der Städte erobert" (Sprüche 16,32). Oder: „Besuche deinen Nachbarn nicht so oft, damit er deiner nicht überdrüssig wird" (Sprüche 25,17). Oder weitere Hunderte solcher Worte. Wir lesen freilich auch von den Grenzen menschlicher Einsicht: „Wirklich weise ist nur, wer sich nicht weise dünkt" (Sprüche 26 und öfter) oder: „Ein Weiser rühme sich nicht seiner Weisheit, ein Starker rühme sich nicht seiner Stärke, und ein Reicher rühme sich nicht seines Reichtums! Vielmehr dessen rühme sich, wer sich rühmen will, dass er klug sei und mich kenne als seinen Gott, der Recht und Gerechtigkeit auf Erden wirkt, denn an ihm habe ich Gefallen" (Jeremia 9,22).

So fordert auch Jesus, wir sollten unseren Verstand gebrauchen. Wir lesen viele Worte wie die folgenden: „Sammelt keine Reichtümer in diesem Leben. Mottenfraß und Holzwurm sind ihr Ende. Diebe graben danach und rauben sie. Sammelt euch einen Besitz bei Gott, wo ihn weder Motte noch Wurmfraß zerstört und keine Diebe nachgraben, ihn zu stehlen. Denn wo euer Schatz ist, da ist euer Herz." „Niemand kann zwei Herren dienen. Er wird dem einen sein Herz verweigern und es dem anderen schenken, er wird sich um den einen bemühen und den anderen vernachlässigen. Ihr könnt nicht Gott dienen und dem Geist des Geldes zugleich" (Matthäus 6,19–21.24).

Oder: „Ein reicher Mann hatte eben eine gute Ernte eingebracht. Nun überlegte er: Was soll ich tun? Ich habe nicht genug

Lagerraum für meine Frucht. Ich weiß, was ich tue: Ich reiße meine Scheunen ab und baue größere, und in ihnen sammle ich meinen ganzen Weizen und alle meine Vorräte. Dann sage ich zu mir selbst: Nun hast du einen Vorrat für viele Jahre. Laß dir's wohl sein, iß, trink und sei fröhlich. Aber Gott sprach zu ihm: Du Tor, in dieser Nacht wird man dein Leben von dir nehmen. Wem wird dann dein Vorrat gehören?" (Lukas 12, 16–20).

Oder: „Seid klug wie die Schlangen und ohne Falsch wie die Tauben" (Matthäus 10, 16). Jesus sieht also die Schlange nicht, wie das Alte Testament, als Symbol des Bösen, als listige Verführerin, sondern in dem viel älteren Sinn als das Tier, das Klugheit vermittelt. Denn wie die Taube für die reine Weisheit steht, die aus dem Geist Gottes kommt, so steht ihm die Schlange für die erdhafte, konkrete, praktische Klugheit.

Zu solchen Weisheitssprüchen gehören auch Stücke wie die Gegensatzreden der Bergpredigt: „Ihr wisst, euren Vätern wurde gesagt: Töte nicht! Ich aber sage euch: Hegt keine bösen Gedanken gegen andere Menschen. Ihr wisst, dass gesagt ist, brecht die Ehe nicht. Ich aber sage euch: Seht eine fremde Frau nicht mit begehrlichen Augen an. Ihr wisst, dass gesagt ist: Schwört keine falschen Eide! Ich aber sage euch: Schwört überhaupt nicht. Sagt Ja oder Nein. Das muss genügen" (Matthäus 5). Jesus verlegt also das Gewicht von der Tat zurück auf die Motive und Vorurteile, die der vollendeten Tat gleichzuachten seien.

Oder er spricht über die Glaubwürdigkeit, die dem Handeln eigne oder nicht eigne: „Wenn du ein Opfer gibst für Menschen, die in Not sind, dann posaune das nicht hinaus, wie es die frommen Heuchler in der Öffentlichkeit mit ihren Spenden tun, damit Gott es merkt und die Menschen es besprechen. Wenn du ein Opfer gibst, dann sorge dafür, dass deine linke Hand nicht weiß, was die rechte tut, damit dein Opfer in der Verborgenheit geschieht" (Matthäus 6, 1–4).

Oder: „Richtet nicht andere, so werdet auch ihr nicht gerichtet.

Verurteilt sie nicht, so werdet auch ihr nicht verurteilt. Lasst eure Schuldner frei, so werdet ihr selbst frei sein. Gebt weiter, was ihr besitzt, so wird man euch geben. Ein gutes, gedrücktes, gerütteltes und überfließendes Maß wird man euch in den Schoß schütten, denn mit eben dem Maß, mit dem ihr andere messt, wird man euch selber messen" (Matthäus 7, 1–2; Lukas 6, 37).

Oder über die Glaubwürdigkeit des Urteils über andere Menschen: „Was starrst du auf den Splitter im Auge deines Bruders, und bemerkst nicht den Balken in deinem eigenen Auge? Wie kannst du zu deinem Bruder sagen: Halte still, Bruder! Ich will den Splitter aus deinem Auge ziehen, und übersiehst den Balken im eigenen Auge? Du Heuchler! Zieh erst den Balken aus deinem Auge, dann magst du zusehen, wie du den Splitter aus deines Bruders Auge entfernst" (Lukas 6, 41–42). Man hat immer wieder versucht, die Drastik dieser Worte abzuschwächen. Man sagte, „Auge" könne im Hebräischen auch „See" heißen oder „Brunnen". Es sei also ein Balken im Brunnen des Nachbarn gemeint. Man hat auch schon das Wort von dem berühmten Kamel, das nicht durch ein Nadelöhr gehe, zu entschärfen versucht mit dem Hinweis, „Kamel" könne auch mit „Seil" übersetzt werden und das „Nadelöhr" mit einem kleinen Stadttor für Fußgänger; aber all das sind nachträgliche Versuche, die am Sinn solcher Vergleiche vorbeigehen. Ihre Drastik gehört zu ihrem Stil. Sie wenden sich gerade durch ihre Unmöglichkeit und spirituelle Härte an das erschrockene Nachdenken.

Zu diesen Worten einer praktischen Lebensklugheit gehören auch Worte, die das Unterscheidungsvermögen ansprechen: „Werft eure Perlen nicht vor die Säue und gebt nicht das Heilige den Hunden zum Fraß" (Matthäus 7, 6). Denn wer das tut, vergeudet nicht nur etwas Wertvolles, sondern provoziert auch den Ärger der Tiere, die meinen, etwas zu fressen zu bekommen und nichts finden. Was nicht zusammenpasst, das haltet getrennt. Neuer Wein und alte Ledersäcke passen nicht zusammen, die alten Säcke werden reißen. Ein Flicken neuen Tuchs hält nicht auf einem brüchigen alten Kleid. Ihr könnt euch nicht nach den Regeln einer überholten Frömmigkeit richten und dabei frei bleiben für das Reich Gottes. Ihr könnt nicht fasten, wenn Feiern angezeigt ist, oder feiern in der Zeit der Trauer.

Oder er sagt: „Kann ein Blinder einem Blinden den Weg zeigen? Werden sie nicht beide miteinander in die Grube fallen?" (Lukas 6, 39). Oder: „Wendet euch Gott so hingegeben zu wie ein Kind sich seinem Spiel zuwendet." Was Kinder zu ihrem Leben beitragen können, ist nicht Kraft und Durchsetzungsvermögen, sondern Vertrauen. Wenn alles gut ist, wissen sie sich geliebt. Und sie haben bei aller geringen Kraft die Zukunft für sich.

Es ist auch ein Wort der Lebensklugheit, wenn Jesus rät: „Hütet euch vor falschen Propheten. Sie kommen in Schafspelzen, in Wahrheit sind sie reißende Wölfe. An dem, was sie praktisch tun, könnt ihr sie beurteilen. Ein gesunder Baum bringt gute Früchte, ein fauler schlechte" (Matthäus 7, 15–18).

Wenn Jesus die Menschen auf ihre Klugheit anspricht, sagt er sein berühmtes „Siehe!" Tu die Augen auf! Schau! Nimm wahr, was erst beim zweiten oder dritten Blick wahrnehmbar wird. Du wirst feststellen, dass, was zunächst wie eine Utopie aussieht, die Zukunft ist. Wenn er seine Gleichnisse vom Reich Gottes erzählt, dann liegt darin viel von dem, was wir die fruchtbare Utopie nennen. Diese Wahrnehmung des Künftigen ist ein Kind der Weisheit, die mehr und tiefer sieht als das nur den Dingen und ihrer Gegenwart zugewandte Auge. Utopien formulieren ja eine Zielvorstellung, der man zunächst in Gedanken und Hoffnungen nachgeht, die man der öffentlichen Diskussion aussetzt, die man dann am Ende als Realität erfährt und durch die die Verhältnisse sich konkret ändern. Eine Utopie ist ein Gedanke, der in der konkreten Wirklichkeit noch keinen Ort hat, den wir aber kommen sehen und der am Ende auf dieser Erde Platz greifen wird. Es ist ein Zeichen von Klugheit, wenn ein Mensch Utopien nicht für irreal hält, sondern in ihnen die mögliche Änderung der Dinge wahrnimmt. Sie wirken in die Zukunft. Alles aber, was Jesus im Sinne von Lebensregeln oder Ratschlägen formuliert, hat seinen Ort in der Spannung zwischen jetzt und künftig; es gipfelt in der Offenheit gegenüber dem, was kommt – und zwar, was von Gott her kommt und nicht aus der Leistung der Menschen erwächst.

Die Wirklichkeit ist widersprüchlich

Freilich, solche Worte sind nicht immer einfach zu handhaben. Je tiefer wir in sie eindringen, desto mehr Rätsel entdecken wir, desto widersprüchlicher stehen sie vor uns und desto schwerer öffnen sie sich unserem Nachdenken. So sagt Jesus etwa, das Nichtwissen sei der Anfang der Weisheit: „Was Gott durch mich sagen will, das eröffnet er nicht den Weisen und Klugen und Gebildeten, sondern den Unwissenden, den Unmündigen" (Matthäus 11, 25). Unmündig sind die kleinen Kinder. Die Unmündigen sind nicht stolz auf ihre Bildung, sie haben keinen akademischen Grad. Sie gehören nicht zu den Rechthabern. Ehe also einer seinen Erfahrungen Ausdruck gibt in irgendwelchen Erkenntnissen, sollte er sich bewusst sein, dass er nichts weiß. Dass eine spirituelle Wahrheit wie jede lebendige Erfahrung sich dem Wort versperrt, dass sich Erfahrungen nicht wiederholen lassen, sondern immer wieder original zu machen sind. Wer glaubt, verzichtet auf einen Gott, den man besitzen, über den man Bescheid wissen, den man für seine Sicherheit nutzbar machen kann. Und eben das ist der Anfang der Weisheit. Wer sich von Gott ein Bild macht, macht sich ein Bild, das aus ihm selbst kommt und das ihn selbst spiegelt. Wer Gott wirklich erfährt, hat keine Bilder von Gott.

Paulus nimmt diese Gedanken auf: „Gott hat seine Weisheit kundgetan, aber die Menschen haben ihn in all ihrer Weisheit nicht begriffen. So rettet nun Gott durch die Torheit der Botschaft vom gekreuzigten Jesus die, die sich ihm anvertrauen. Die Juden wollen Wunder sehen, die Griechen tiefsinnige Gedanken hören. Aber wenn Gott töricht scheint, ist er noch lange weiser, und wenn er schwach scheint, noch lange stärker als die Menschen" (1. Korinther 1, 21–25). Die Welt also, wenn sie zu Gott in Widerspruch gerät, wird zu einer Zone des Zwielichts, wo Wissen zur Unwissenheit wird, Torheit zur Weisheit, Stärke zu Schwachheit und Schwachheit zu Kraft. „Meine Kraft", hört Paulus von Gott, „ist in den Schwachen mächtig" (2. Korinther 12, 9). Die viel kritisierten „Widersprüche in der Bibel" sind weithin die Widersprüche, die die Wirklichkeit dieser Welt an sich trägt.

Das „Liebesgebot" wird von vielen anerkannt und als richtig beurteilt, die im übrigen mit dem christlichen Glauben nichts anfangen können. Aber was ist dieses Liebesgebot? Es ist ein Gebot. Es setzt ein mit: „Du sollst!" Aber kann man Liebe gebieten? Ist ein Gebot, das Liebe vorschreibt, nicht ein Widerspruch in sich selbst? Hat nicht die Liebe ihre Schönheit und Würde gerade darin, dass sie nicht in ein Gebot gefasst werden kann, sondern spontan, frei und phantasiereich fließt? Wenn jemand wirklich nach den Worten Jesu leben will, lebt er eine der „Verrücktheiten", zu denen es kommt, wenn einer das Leben liebt, wenn er die Menschen liebt, wenn er den freien Blick in die Zukunft liebt, wenn er es liebt, die Welt für die Menschen zu verändern, und dabei weiß, dass er nicht die Welt verändern wird, sondern zunächst einmal sich selbst. Und wenn er zugleich weiß, dass er sich selbst nicht und nie verändern wird, dass er vielmehr immer nur von etwas verändert werden kann, dem er offen begegnet. Im Grunde spricht das „Liebesgebot" gerade nicht das Liebesgefühl an, das aus dem Herzen kommt, sondern allenfalls die Praxis von Sorgfalt und Achtsamkeit, mit der einer mit den Menschen umgeht. Alles, was tiefer ist im wirklichen Lieben, atmet eine Freiheit, die kein Gebot erträgt. Und „Du sollst Gott lieben!" – was ist das für ein Widerspruch! Gott kann man, wenn man ein Gebot befolgen will, respektieren. Aber lieben? Wer Gott lieben will, muss einen Gott wahrnehmen, der ihn liebt, nicht einen, den zu lieben er verpflichtet ist.

Jesus sagt: Lebe nach dem Gesetz, das Gott gestiftet hat. Solange die Erde steht, wird von diesem Gesetz kein Buchstabe wegfallen. Es wird alles gültig bleiben. Aber bilde dir nicht ein, du könnest das Gesetz Gottes erfüllen. Lebe also ohne Gesetz. Lebe aus der Liebe zu Gott. Aber auch die kannst du nicht leisten. Du müsstest dazu völlig frei sein von dir selbst. Und immer liegt zwischen beidem, dem Können und dem Nichtkönnen, das Geheimnis eines glücklichen Lebens. „Liebe deinen Nächsten wie dich selbst." Um das aber zu können, müsstest du dich selbst völlig zurückgestellt haben. Du merkst aber, dass du es nicht kannst. Und Paulus formuliert so: Lass deine moralische Selbstüberforderung los. Sie bringt nichts. Und nimm hin, dass du die Gnade Gottes nicht verdienen kannst. Wenn du das könntest, wäre die Gnade ein Widerspruch in sich selbst. Lebe als freier Mensch aus dem Geist Gottes. Liebe mit der Hoffnung, dass Gott dich zu einem liebenden Menschen macht. Das ist der freie Weg, den Jesus denen zeigt, die ihre Widersprüche mit sich herumschleppen. Solange wir das nicht sehen, ist der Weg, den Jesus zeigt, unendlich schwer, ja im Grunde unmöglich. Sobald wir zusammensehen, was nicht zusammen zu passen scheint, wird er leicht und einfach, und wir können ihn sorglos gehen.

Und noch eins: Wir sind gewohnt, die Seligpreisungen so zu lesen, dass auf die Not der Gegenwart eine spätere Belohnung tröstend folgt. Wenn es aber zutreffen sollte, dass die Gegenwart und die Zukunft im Denken Jesu keine scharfen Gegensätze sind, sondern immer wieder ineinander fließen, dann rücken für unser Verstehen auch das Glück der Seligpreisungen und die gegenwärtige Not in die Gleichzeitigkeit.

Was meint denn „Selig sind" in diesem Zusammenhang? Es meint: „ein Glückwunsch denen" oder: „Mit Gott und sich selbst eins sind" oder „den Sinn ihres Lebens finden, die" oder wie immer wir es umschreiben wollen. Wir lesen also: Selig sind, die arm sind vor Gott und alles von ihm erwarten. Sie leben jetzt schon aus der Fülle. Selig, die Leid tragen, denn die Liebe Gottes ist ihnen nahe. Selig, die geduldig sind und hoffen. Ihnen kommt entgegen, was sie nötig haben. Selig, die nach Gerechtigkeit hungert, sie leben von Gottes Gerechtigkeit. Selig die Barmherzigen. Sie sind Instrumente der Barmherzigkeit Gottes und empfangen sie von ihm. Selig, denen Gott ein reines Herz gibt. Sie schauen Gott in allen Dingen. Selig, die Frieden schaffen. Sie tun das Werk Gottes. Sie sind seine Beauftragten, das heißt seine Töchter und Söhne. Selig, die verfolgt werden. Ihr Schicksal spielt sich ab innerhalb des Schicksals des Gottesreiches unter den Menschen, und sie sind wie das Gottesreich frei und unbedroht.

So lesen wir auch etwa den berühmten Spruch: „Wer sich selbst erhöht, der wird erniedrigt" (Lukas 14,11): Wer sich selbst erhöht, erniedrigt sich selbst eben dadurch. Es folgt für ihn nicht im anderen Leben die Bestrafung oder die Belohnung, sondern das eine und das andere geschieht zugleich. Oder: „Wer hat, dem wird gegeben" (Matthäus 5,12). Nicht später, sondern jetzt. Wer hören kann, hört mehr. Wer versteht, was Jesus ihm sagt, wird dadurch mehr verstehen.

Die Widersprüche, die wir entdecken, sind ganz allgemein im Leben das Merkmal dafür, dass wir anfangen, die Wirklichkeit zu begreifen, wie sie ist. Im Zen-Buddhismus pflegt man die Kunst des Koan. Ein Koan ist ein Meditationswort, das einen unauflöslichen Widerspruch in sich hat. Es hat den Sinn, den Meditierenden in die Ausweglosigkeit zu führen oder an die Grenzen seines geistigen Vermögens. Aber es ist ein Widerspruch, der nicht erdacht ist, sondern aus der Erfahrung der Wirklichkeit gewonnen wird. Das Koan kann nicht mit einer Lösung beantwortet werden. Es erfordert vielmehr den Sprung auf eine andere Ebene des Denkens. Eines der berühmtesten Koans ist die Aufforderung: „Höre das Klatschen der einen Hand." Wie aber soll eine einzelne Hand klatschen? Oder: „Was würdest du tun, wenn du nichts mehr tun könntest?" Ein Koan kann auch einer ringförmigen Logik folgen: „Alles Gute ergibt sich aus Gnade, die Gnade ergibt sich aus der Kunst, die Kunst ergibt sich nie ohne Mühe." Und weiter im Kreis: „Alles Gute ergibt sich aus Gnade."

Solche „Koans" finden wir auch immer wieder in den Reden Jesu. Er sagt zum Beispiel: „Wer nicht hat, dem wird auch genommen, was er hat." Hat er nun oder nicht? Ein Koan im Zen lautet ähnlich: „Wenn du einen Stock hast, gebe ich dir einen. Wenn du keinen hast, nehme ich ihn dir weg." Was gibt es wegzunehmen? Das Zen sagt: „Du stehst auf der Spitze eines Berges über einem Abgrund. Wenn du leben willst, dann lass den Halt los, den du hast." Johannes vom Kreuz sagt es so: „Wenn jemand des Weges, auf dem er geht, sicher sein will, muss er die Augen schließen und im Dunkeln gehen." Im Tao te King lesen wir: „Das vollkommene Viereck hat keine Ecken." Jesus sagt: „Wer sein Leben liebt, verliert es dabei." „Wer sein Leben hergibt, gewinnt es eben damit." Paulus treibt diese Kunst des unauflöslichen Widerspruchs auf die Spitze, indem er uns auffordert: „Schafft, dass ihr selig werdet, mit Furcht und Zittern. Denn (!) Gott ist es, der beides in euch schafft, das Wollen und das Vollbringen." Das heißt doch: Setzt alle eure Kräfte ein, denn mit denen könnt ihr nichts anfangen. Übt alle eure Fähigkeiten, denn ihr könnt sie ebenso gut wegwerfen (Philipper 2, 12).

Man mag etwas wie ein Koan vor sich sehen, wenn Jesus einerseits sagt: „Kommt zu mir, ihr Lastträger. Was ich euch zu tragen gebe, drückt nicht. Meine Anweisung ist leicht zu erfüllen" (Matthäus 11, 28–30) und andererseits: „Die Tür ist eng, der Weg ist schmal, die zum Leben führen, und wenige finden sie" (Matthäus 7, 14). Was soll nun gelten? Ist, was Jesus fordert, leicht oder schwer? Ist es aussichtsreich oder hoffnungslos ungangbar? Er sagt zugleich: „Für Menschen ist es unmöglich" und „den Kindern gelingt es."

Simone Weil sagt: „Widersprüche sind das Kennzeichen dafür, dass einer von der Wirklichkeit redet." Denn die Wirklichkeit passt in keinen Verstand. Unser Leben ist insgesamt ein Rätsel, das nicht darauf angelegt ist, von unserem Verstand gelöst zu werden. Wer darum nur mit seinem wissenschaftlichen oder unwissenschaftlichen, zum Beispiel mit seinem „gesunden Menschenverstand" an das Leben herangeht, wird ihm nicht auf die Spur kommen. Und mit der Gestalt Jesu wird ihm dies erst recht nicht gelingen. Das Leben ist unlogisch. Es beugt sich nicht dem Machtanspruch oder den Regeln des menschlichen Denkens. Es zeigt sich dem aufmerksamen Herzen immer so, dass seine Widersprüche sich nicht lösen. Die Wahrheit des Daseins liegt jenseits seiner Grenzen. Wir werden die Welträtsel nicht lösen, aber wir werden das Rätselhafte um so deutlicher wahrnehmen, je mehr wir bereit sind, uns zu wandeln oder wandeln zu lassen. Was Jesus sagt, lässt sich nicht in eine Philosophie fassen, die einer menschlichen Logik folgt, es lässt sich aber wohl auf einem Lebensweg erfassen, den wir mit offenen Augen und Ohren gehen. Es wird sich als Frucht von viel Bemühung ergeben. Oder nein: Es wird uns als ein reines Geschenk Gottes gegeben. Oder nicht? Oder doch?

Die Umstände sind hart

Ein besonderer Zug bei Jesus fällt immer wieder auf. Es gibt Gleichnisse oder Anweisungen bei ihm, die uns nicht recht gefallen wollen, weil sie aus einem Milieu gegriffen sind, das wir zwar kennen, das uns aber für religiöse Rede ungeeignet scheint. Es oszilliert bei ihm vieles so unmittelbar zwischen Verbrechermilieu und Frömmigkeit, dass wir es nicht recht zusammenbringen; zwischen Radikalität einerseits, bewahrender Weisheit andererseits, zwischen schonungsloser Menschenkenntnis und moralischer Anweisung. Jesus sieht die Wirklichkeit unter den Menschen in ihrer ganzen Banalität und Brutalität und geht von hier aus, ohne das Thema zu wechseln, zur religiösen Aussage über. Und er verurteilt dabei die Wirklichkeit nicht. Er fragt, wie ein Mensch in den Zwängen, die ihn festhalten, handeln könne, er findet Lösungen, wie ein Mensch in seiner Situation sie finden kann, um zu irgendeinem Erfolg zu kommen, und macht sie zum Maßstab auch für das Verhalten eines Menschen gegenüber Gott.

Er sagt: „Wer hat, dem wird gegeben. Wer nicht hat, dem wird man auch das noch nehmen, was er hat." So ist es! Schaut euch um! So geht es zu! So ist es üblich zwischen den Großgrundbesitzern und den Bauern. So ist es zwischen den Etablierten und den am Rand Lebenden. So ist es mit dem Geld. Wer Geld hat, streicht Zinsen ein. Wer kein Geld hat, zahlt sie für seine Schulden. Was uns regiert, ist der platte Kapitalismus. Da es so ist, muss ich es hinnehmen. Ich muss denken wie ein Kapitalist. Was kann ich denn einsetzen, damit mein Leben gelingt? Antwort: Wenn ich von mir nur wenig einsetze, gewinne ich wenig. Wenn ich das Ganze riskiere, kann ich das Ganze gewinnen. Wenn ihr das Reich Gottes gewinnen wollt, dann habt ihr nur redliche Chancen, wenn ihr alles einsetzt, was ihr seid und was ihr habt. Setzt ihr euch nur halb ein, so opfert ihr euer Geld und behaltet euch selbst. Am Ende werdet ihr ohne Geld und ohne geistlichen Gewinn dastehen. Es gibt keine halbe Schwangerschaft und keine halbe Bemühung um das Gottesreich.

Er sagt: Ihr wisst, euer Leben hängt weitgehend vom Geld ab. Der eine legt sein Geld günstig an, der andere verbraucht es. Der eine verstaut es unter dem Bett oder im Strumpf, der andere legt es in festverzinslichen Wertpapieren an. Dem einen wird es gestohlen, der andere erlebt die Pleite seiner Bank. Der eine kauft ein Grundstück, der andere fällt einer Inflation zum Opfer. Das ist so. Und in den inneren Fragen ist es nicht anders. Was ihr habt, was euch reich macht, das legt auf eine Weise an, die euer Eigentum sichert für die Zeit nach dem Umbruch, der „Reich Gottes" heißt: „Macht euren Besitz zu Geld und wandelt das Geld in Barmherzigkeit. Macht euch Vorratstruhen, die nicht moderig werden. Schafft euch ein Vermögen, das nicht abnimmt, weil es im Himmel gesammelt ist, wo nicht der Dieb hereinschleicht und die Motte nicht an euren schönen Kleidern frisst. Denn wo euer Schatz ist, da wird auch euer Herz sein" (Lukas 12, 33 f.).

Wenn einer eine Bank ausrauben will, muss er zuerst die Angestellten als Geiseln nehmen. Wenn er die allein stehende Villa im Auge hat, muss er erst die alte Dame, die dort wohnt, knebeln und an einen Stuhl binden, wenn er an den Safe hinter dem Bild ihrer Ahnen kommen will. Das ist zweckmäßig, wenn er nämlich zum Ziel kommen will. Jesus sagt: „Es ist doch nicht denkbar, dass jemand in die Burg eines Starken eindringt und ihm seinen Hausrat raubt, wenn er nicht vorher den Besitzer überwältigt und gebunden hat! Dann erst kann er sein Haus ausrauben" (Matthäus 12, 29). Es fragt sich immer, was du willst. Danach muss sich das Verfahren richten.

Er sagt: Wenn du aufsteigen willst in der Hierarchie der Wirtschaft, dann tue eine gute Zeit lang eine nützliche und erfolgreiche Kleinarbeit, die deinem Chef zugute kommt. „Wer mit kleinen Dingen sachgemäß umgeht, tut es wahrscheinlich auch mit großen. Und wer mit dem Einfachen nicht umgehen kann, kann es auch nicht mit dem, was schwierig und kompliziert ist. Wenn ihr also nicht wisst, was ihr mit dem trügerischen Geld tun sollt, wird man euch das wahre Gut nicht anvertrauen. Und wenn ihr mit dem, was euch nicht gehört, sondern nur für kurze Zeit in eurer Hand liegt, nicht sinnvoll umgeht, wer will euch anvertrauen, was euch als euer Eigentum zugedacht ist?" (Lukas 16, 10–12). Ob dir das gefällt oder nicht – so geht es zu. Richte dich danach.

Einmal erzählte er folgende Geschichte: „Ein Großgrundbesitzer hatte einen Verwalter. Über den wurde ihm berichtet, er veruntreue ihm sein Vermögen. Er ließ ihn kommen: ‚Ich höre böse Dinge über dich! Lege deine Kasse und deine Bücher zur Prüfung vor, denn ich fürchte, dass du deinen Posten nicht behalten kannst!' Da überlegte der Verwalter hin und her: Was soll ich tun? Meine Stellung ist verloren. Auf dem Acker arbeiten kann ich nicht. Betteln mag ich nicht. Ich weiß es: Ich habe noch das Recht, Verträge abzuschließen. Ich muss erreichen, dass ich später Freunde habe, die für mich sorgen! Und er holte die Verträge heraus, die er mit seinen Pächtern abgeschlossen hatte, und rief die Pächter einzeln zu sich. Den ersten fragte er: ,Wie hoch ist deine Pacht?', Der sagte: ,Hundert Fass Öl.' Da antwortete der Verwalter: ,Hier, nimm deinen Pachtvertrag! Wir schließen einen neuen über fünfzig'. Danach kam der zweite. ,Wie hoch ist deine Pacht?' fragte er ihn. ,Hundert Sack Weizen', war die Antwort. ,Gut. Nimm deinen Vertrag. Wir schließen einen neuen über achtzig.' Davon erfuhr der Besitzer, und er lachte: ,Das ist doch ein Schlitzohr! Warum soll ich den entlassen? Nie wieder finde ich einen Verwalter von dieser Geschicklichkeit!'" (Lukas 16, 1–8). Und Jesus lachte wie er. Warum wohl? Über sein Gleichnis sagte er danach: „Die Kinder der Welt sind eben klüger als die Söhne des Lichts. Und ich sage euch: Macht euch Freunde mit dem Geld, dem schmutzigen, damit ihr, wenn ihr gestorben seid, Freunde habt, die für euch sprechen vor Gott" (Lukas 16, 8 f.).

Was will Jesus sagen? Die „Söhne des Lichts" – wie sich die Essener nannten – meinen, es sei das Geld, das die Menschen verunreinigt. Aber ich will euch einen Menschen zeigen, der mit Geld umgehen kann, weil er sich nicht vor ihm fürchtet. Er sorgt dafür, dass er später Freunde hat, die ihn aufnehmen in ihre Häuser. Ein „Kind der Welt", oder gar, wie sie auch sagten, ein „Sohn der Finsternis" – das war Jesus selbst in den Augen der Essener. Aber in Wahrheit ist der „Sohn der Finsternis klüger als die Söhne des Lichts". Denn es ist unerheblich, dass oder wieviel Geld in unsere Hand kommt. Wichtig ist, was wir damit tun.

Oder er sagt: Schaut euch um! Wie kommt einer an die Macht? Er kann einen Krieg führen, einen Aufstand organisieren, er kann putschen. So ist es doch! Nehmt euch ein Beispiel! „Seit den Tagen des Johannes drängen die Menschen mit mir zusammen in das Reich Gottes hinein. Und sie tun es mit Gewalt. Unsere Gegner nennen uns Gewalttäter, die nicht warten wollen, bis das Reich Gottes irgendwann kommt, sondern es heute an sich reißen" (Matthäus 11, 12). Und das, genau das, wollen wir tun!

Er sagt in seinem Gleichnis vom verlorenen Sohn: Der junge Mann saß bei den Schweinen; er hungerte. Er war am Zugrundegehen. Da beschloss er, nach Hause zurückzukehren. Er hatte keine edlen Motive. Es war nicht so, dass er seine Eltern plötzlich so sehr geliebt hätte, dass er sie hätte aufsuchen wollen. Nein, er hatte Hunger, und er wusste: Zu Hause gibt es Brot. Sie können mich nicht gut verhungern lassen. Schließlich bin ich ihr Sohn. Er tut, was in seiner Lage zweckmäßig ist: Er geht nach Hause. Und er tut recht daran.

Jesus erzählt von jenem Grundbesitzer, der einen Feigenbaum für nutzlos hielt, weil keine Feigen an ihm zu finden waren, und seinen Gärtner anwies: „Hau ihn ab! Wozu steht er hier herum?" Der Gärtner sagt: „Lass ihn noch dieses Jahr. Ich will um ihn her aufgraben und ihn düngen. Vielleicht bringt er danach Frucht." Es ist vielleicht nicht Liebe zu diesem speziellen Baum, was den Gärtner bewegt, für den Baum einzutreten. Es ist wohl mehr die reine Nützlichkeitserwägung: Man hat von einem Baum mehr, wenn man etwas für ihn tut, als wenn man ihn abhaut. Wenn Gott euch aber das Leben gibt, wenn er für euch sorgt, wenn er euch schützt, dann seht zu, dass bei eurem Leben etwas herauskommt.

Er sagt: „Wer sein Leben erhalten will, wird es verlieren, wer es einsetzt und zum Opfer bereit ist, wird es gewinnen." Das ist genau die Melodie der Reden, die die Feldherrn der alten Welt an ihre Soldaten vor der Schlacht richteten. Wer sich scheut, dem Gegner in die Augen zu sehen und sich duckt, wird erschlagen. Wer sein Leben riskiert und angreift, kann gewinnen. Also greift an! Mit dem bloßen Schützen der eigenen Person kommt ihr nicht zum Sieg.

Was wir bei all dem bedenken müssen, das ist: Es gibt für Jesus keine Trennung zwischen Diesseits und Jenseits, keine Trennung zwischen Zeit und Ewigkeit. Die Welt ist eine, und was in der einen, etwa der diesseitigen, Welt geschieht, geschieht immer zugleich in der anderen, der jenseitigen. Was hier entschieden wird, gilt dort. Was es an Lebensgesetzen oder Spielregeln in dieser Welt gibt, kann man ohne weiteres für die unsichtbare Seite der Welt voraussagen. Das Leben besteht auch nicht aus einem gegenwärtigen und einem zukünftigen Teil. Es ist vielmehr durchgehend und grundsätzlich zukünftig, denn die Gegenwart läuft ständig unaufhaltsam in die Zukunft hinüber. Was also Sinn und Wert hat, das ist das, was in die Zukunft trägt, was in der Zukunft gilt, was in der Zukunft seinen Wert behält. Die Zukunft aber ist das Reich Gottes, eine neue, nicht mehr in Diesseits und Jenseits geteilte, sondern ganze Welt. Christlicher Glaube findet darum nie außerhalb der Wirklichkeit statt. Er verändert sie vielmehr. Er schafft die Überwindung ihrer zwingenden Macht.

Und darum zeichnet Jesus in seinen Gleichnissen nicht eine Galerie von Vorbildern, sondern Menschentypen, wie sie tatsächlich leben, die das Zweckmäßige tun, das Nützliche, das Erfolgreiche, das Tragfähige. Und immer ist das Entscheidende, das in ihrem Tun zum Ausdruck kommt, der ganze Einsatz, und ihn schildert Jesus mit seinen Bildern von Ganoven, Verbrechern, Herrschern, Knechten oder geschickten Untergebenen. Der Mensch steht zwischen dem Augenblick und dem Reich Gottes, und Jesus zeigt ihm, was er tun muss, damit sein Warten Sinn hat, damit sein Leben gelingt, damit er gewinnt, was angesichts des Reiches Gottes zu gewinnen ist. Gerade in dem banalen Realismus, den Jesus in seinen Geschichten zeichnet, zeigt er den geistlichen Weg, den der gehen soll, der das Reich Gottes gewinnen will.

Er fordert ein Leben ohne Hass und Gewalt

Manche dieser Anweisungen werden wir heute als richtig oder auch als erstaunlich aktuell empfinden, aber wir geraten bei Jesus eben doch auch an Worte, die uns nicht praktikabel scheinen wollen. Er schildert zum Beispiel, auf welche Weise wir in einer Welt des Streits und der Kriege auf das Gottesreich vorausgreifen könnten, also tun, was in der Zukunft greifen wird.

„Ihr wisst, dass das Gesetz sagt: Auge um Auge, Zahn um Zahn." Es fordert also, dass die Rache nicht blutiger sein darf als das erlittene Unrecht. „Ich aber sage euch: Ihr sollt dem Bösen nicht mit seinen eigenen Mitteln begegnen. Wenn dich jemand auf die rechte Backe schlägt, dann biete ihm auch die linke" (2. Mose 31, 24; Matthäus 5, 38).

Der Schlag mit der rechten Hand auf die rechte Backe war ein Schlag mit dem Handrücken. Dieser Schlag galt nicht nur als Angriff, sondern vor allem als schwerwiegende Beleidigung. Wer sich einen solchen Schlag gefallen ließ, wurde von Freund und Feind verachtet. Dem also, der dich so entehrend schlägt, gib die Erlaubnis, dich auch wirklich und mit aller Kraft anzugreifen. Vielleicht wird er es nicht tun. Verzichte also dem Bösen gegenüber auf das Mittel, dessen sich der Böse bedient, nämlich die Gewalt.

Es muss uns klar sein, dass dies eine Weisung gerade nicht für schwache Menschen ist, sondern für starke. Wenn der Ängstliche ihr nachkommen will, wird er nichts erreichen. Sie ist ein Weg für starke und wissende Menschen, die die Spirale der immer weitergehenden Gewalt und Gegengewalt in ihrer Sinnlosigkeit erkannt haben. Sie nehmen eine Kraft in Anspruch, die von weiter herkommt als aus ihren eigenen Reserven. Gewaltlosigkeit ist ein Vorgriff, ein verwegener und gefährlicher, auf den Frieden, der gesucht werden muss, will die Menschheit ihre uralten Phrasen vom „gerechten Krieg" überleben. Sie gründet nicht auf dem Optimismus, dass alles gut ausgehen wird, sondern auf der Überzeugung, dass etwas Sinn hat unabhängig davon, wie es ausgeht.

❦

„Der Krieg ist der Vater aller Dinge", sagt Heraklit. Das ist wahr; vor allem der Vater immer neu entstehender Kriege. Wenn Jesus vom Verzicht auf Gewalt redet, dann sagt er es vor eminent politischem Hintergrund. Unter den Bergen, über die er ging oder auf denen er saß und redete, waren die Höhlen der Partisanen. Ihnen sagte er (und sie hörten ihm in der Runde der Menschen unerkannt zu): Ihr wollt den Aufstand? Ich nicht. Ich will etwas anderes: Dass ihr aufsteht! Ich will, dass ihr euch aus eurer Verzweiflung erhebt und ein Bild der Zukunft schaut, das eurer Gewalt nicht bedarf. Oder wollt ihr, dass ihr eure Feinde massakriert mit der Folge, dass ihr selbst von euren Feinden massakriert werdet? Ich will, dass ihr euch aus euren ideologischen Verhärtungen löst und eine Hoffnung fasst. Ihr kennt nur die Angst und den Hass. Geht frei auf die zu, die ihr fürchtet oder hasst, und lasst die politische und militärische Illusion hinter euch.

Aber schon vor und nach der Zeit Jesu war der gewaltlose Einsatz in gefährlichen Situationen durchaus bewährt. Kurz vor seinem Auftreten gab es eine gewaltlose Demonstration gegen Pilatus, als der ein Kaiserstandbild im Tempel in Jerusalem aufstellen lassen wollte. Der jüdische Geschichtsschreiber Josephus berichtet, die Juden hätten den Palast des Pilatus umringt und dort fünf Tage und fünf Nächte auf den Knien gelegen, ohne sich wegzubewegen. Pilatus ließ sie von drei Reihen Soldaten umzingeln und drohte, sie zu töten. „Die Juden aber warfen sich dicht gedrängt auf den Boden, boten ihren Nacken dar und schrien, sie seien eher bereit zu sterben, als dass sie die Gesetze ihrer Väter schänden ließen. Zutiefst erstaunt über die Glut ihrer Frömmigkeit ließ Pilatus das Standbild sofort aus Jerusalem entfernen" (Josephus: Der jüdische Krieg, 2, 174). Kurze Zeit danach sagte Jesus sein Wort von der Gewaltlosigkeit. Noch einmal geschah dasselbe unter Kaiser Caligula, dreizehn Jahre nach Jesu Tod. Und wieder überwanden die Juden die römische Macht auf gewaltlosem Wege. „Wollt ihr", fragte der Statthalter, „mit dem Kaiser Krieg führen, ohne an seine Rüstung und an eure Ohnmacht zu denken?" Sie entgegneten: „Wir wollen ganz und gar keinen Krieg führen, sondern lieber sterben, als unserem Gesetz entgegenhandeln." Schließlich gab der römische Staat nach (Josephus, Altertümer, 18, 271).

Jesu Gedanke von der Gewaltlosigkeit in der Politik heißt: Ohne Furcht gütig sein. Ohne Hass klar in der Sprache. So gerecht, dass der andere sich ändern kann. So selbstkritisch, dass aus dem anderen kein Teufel wird. So geduldig, dass er sein Gesicht nicht zu verlieren braucht. Gewaltlosigkeit heißt, von Gerechtigkeit so sprechen, dass das Gegenüber nicht in die Ecke des Ungerechten gestellt wird, von Frieden so, dass nicht der einen Seite die Schuld beider zugeschoben wird. Einen Alleinschuldigen gibt es so gut wie nirgends auf der Welt. Man wird nach den Gründen der Schwierigkeiten fragen und dem Gegner zubilligen, dass er vertretbare Gründe hat. Denn das trifft vermutlich zu.

Ein freier Mensch ist, wer seinen Gegner gewinnt, nicht der, der ihn vernichtet. Seinen Gegner gewinnt der Geduldige, der wehrlos Gütige. Ein Eisberg ist durch das warme Meer stärker bedroht als das Meer durch den Eisberg. Wer einen Schlüssel hat, der Türen öffnet, braucht nicht durch die Wand zu gehen. Seit sechzehnhundert Jahren haben die Christen unzählige „gerechte" und vor allem ungerechte Kriege geführt. Wie wäre es, wenn sie statt dessen künftig den Völkern der Erde zeigten, wie eine weise Politik aussieht? Jesus sagt jedenfalls: „Der Glaube an die Waffe tötet den, der sie trägt" (Matthäus 26, 52). Wenn die Welt in Waffen steht, stirbt die Welt an der Waffe.

Um der Menschen willen nach Gerechtigkeit suchen, ohne Gewalt anzuwenden, ohne Gewalt in Worte zu fassen und ohne Gedanken der Gewalt zu denken, das ist die letzte und aussichtsreichste Form, Verantwortung für andere Menschen zu übernehmen. Wer das versucht, zeigt, dass er willens ist, in dieser Welt mit anderen zusammen im Frieden zu leben.

✱

„Ihr habt gelernt", sagt Jesus, „du sollst deinen Freund lieben und deinen Feind hassen. Ich aber sage euch: Zeigt euren Feinden, dass ihr sie liebt. Bittet Gott um seine Liebe für die, die euch verfolgen" (Matthäus 5, 43 f.). „Wünscht Segen denen, die euch die Hölle wünschen. Bittet für die, die euch beleidigen" (Lukas 6, 27). „Wenn ihr für eure Feinde keine Güte habt, sondern nur die liebt, die euch lieben, was ist daran Besonderes? Das tut man auch unter denen, die Gott verachten. Euer Vater im Himmel lässt seine Sonne aufgehen über den Bösen und den Guten, und sendet seinen Regen den Gerechten und den Ungerechten. Gott ist einer und derselbe für die Guten wie für die Bösen. So seid wie er. Seid seine Söhne und Töchter. Seid ganze Menschen, die sich nicht teilen. Seid aus einem Stück, wie Gott ganz und der eine ist" (Matthäus 5, 45–48).

Man hat diese Worte Jesu immer wieder nach allen Seiten aus der christlichen Praxis ausgegrenzt. Ein breites Sortiment amtlich abgesegneter Ausreden steht von alters her zur Verfügung. Man sagte: Feindesliebe – das gilt nicht für das äußere Leben, sondern nur für das innerliche. Oder: Das gilt nicht wörtlich, sondern nur übertragen. Oder: Das gilt nicht hier auf der Erde, sondern erst im Reich Gottes. Oder: Das gilt nicht im unruhigen Europa, sondern nur im friedlichen Galiläa. Oder gar: Das gilt nicht für die Normalmenschen, sondern nur für die Heiligen. Oder: Das gilt nicht für die Christen, sondern nur für Christus selbst.

Seit die Kirchengeschichte währt, währen auch die Ausflüchte. Kein Wunder, dass das Wort des Mannes von jenem Berg die christlichen Völker noch kaum je auf einen praktischen Weg geführt hat. Ich glaube, es sei Zeit, solche Worte neu zu lesen. Was ist denn ein Feind? Da mag es einen Menschen geben, der mir übel will. Aber der braucht durchaus noch nicht mein Feind zu sein. Wenn mir einer das Leben sauer macht, wenn er in allen wichtigen Fragen anders denkt als ich, ist er noch nicht mein Feind. Wenn er die politischen Verhältnisse in seinem Sinn ändern möchte, ist er noch nicht mein Feind. Selbst ein fremdes politisches System, das nach meiner Auffassung ungerecht ist, braucht noch nicht mein Feind zu sein.

Der „Feind" entsteht mit durch meinen Beitrag. Der „Feind" setzt sich immer zusammen aus dem Menschen, der mir gegenübersteht, und aus dem, was ich selbst aus meinem seelischen Untergrund hervorhole und auf ihn ablade. Mir steht ein Mensch gegenüber. Das ist das eine. Von dem habe ich ein Bild. Das ist das andere. Das Bild, das ich mir mache, stammt aber zu einem guten Teil aus mir selbst. In mir selbst ist viel Gewalttätigkeit. Das mag ich aber nicht zugeben. So werfe ich die Gewalttätigkeit, die in mir ist, auf den Gegner und mache ihn zu einem Werkzeug der Gewalt. Ich leide, und vielleicht weiß ich nicht, woran. Das halte ich aber nicht aus. Deshalb suche ich die Ursache meines Leidens bei einem bösen Feind. Ich habe Angst und weiß nicht so recht wovor. Also suche ich die Ursache meiner Angst bei einem bösen Feind. Und weil ich im Streit lebe mit mir selbst, wünsche ich auch, dass der Feind draußen bekämpft wird, eingesperrt oder ausgestoßen.

Hassen zu können, einen Feind zu haben, bedeutet eine gewisse Erleichterung. Ich bin ja nun nicht mehr durch das Böse gefährdet, das ich in mir selbst trage, denn das Böse ist draußen. Ist drüben. Im Osten. Drinnen in den Gefängnissen. Im Westen, bei den Kapitalisten. Über der Straße, bei den Gastarbeitern. Bei den Grünen. Bei der CDU. Bei den Arbeitgebern. Bei den bösen Nachbarn. Der Auswahl sind keine Grenzen gesetzt.

Liebt eure Feinde, sagt Jesus. Versucht zu verstehen, warum sie so denken wie sie denken. Versucht zu verstehen, warum sie sich vielleicht sogar vor euch fürchten. Es ist eine Frage der Klugheit, den Feind so zu lieben, dass man ihn versteht, und dieses Verstehen in die eigene Sicherheitspolitik einzubringen. Und es ist der einzige Weg, der zum Frieden führt. Verstehen von Angst und Ernstnehmen von Erinnerungen an frühere Erfahrungen, an politische Traumata der Geschichte sind unentbehrlich.

Den Feind „lieben" bedeutet, dass sich mir aus dem Feind der wirkliche Mensch herausschält. Der ist vielleicht in der Tat gefährlich. Er will vielleicht in der Tat, was ich nicht will. Er bedroht mich vielleicht wirklich. Aber ich kann ihn nun so sehen, wie er wirklich ist. Vielleicht wird dann sogar ein Gespräch möglich. Vielleicht stellt sich dann heraus, dass das, was der andere denkt, so ganz und gar verkehrt gar nicht ist.

Den Feind lieben heißt nicht, sich bei ihm anbiedern. Es heißt nicht, sich ihm unterwerfen. Aber es heißt sehen, dass der andere ein Mensch ist wie man selbst: fehlerhaft, verängstigt, irrend, an Interessen und Vorurteile gebunden. Wer Realpolitik treiben will und nicht ideologischen Träumen nachhängen, Politik, die nicht von Vorurteilen ausgeht, sondern vom konkreten Verstehen, der wird ohne diesen Versuch, den Gegner zu entdämonisieren, nicht zum Ziel kommen. Den Feind lieben, das heißt angesichts der Bedrohung: sich nicht blenden lassen, sich nicht belügen lassen, nicht in Panik geraten, nicht erstarren oder verhärten, nicht zynisch werden, sich nicht in eine Ideologie retten, sondern die Spannung aushalten zwischen der Bedrohung und dem Wissen um die Menschen. Den Feind lieben, das heißt: über die Feindschaft hinaus denken. Es heißt davon ausgehen, dass Feindschaft nicht bleiben muss und Streit sich beenden lässt.

Die Bergpredigt mit ihren berühmten Forderungen nach Gewaltlosigkeit und Feindesliebe und ihren so schönen und so weltfremden Seligpreisungen war nun zwei Jahrtausende lang die große Verlegenheit der christlichen Theologen und das Ziel des Spottes der Weltkinder. Heute stehen wir an einem Punkt, an dem wir erkennen: Dies, genau dies ist die realistische Anweisung für den künftigen Weg der Menschheit, wenn es denn überhaupt noch einen Weg geben soll. Denn Frieden ist nicht ein Idealzustand, sondern ein Prozess, in dem die Gerechtigkeit zu- und die Gewalt abnimmt. Ich lasse mir also nicht verbieten, weder von den Herrschenden dieser Erde noch auch von meiner eigenen Resignation, nach Gerechtigkeit auf dieser Erde Hunger zu empfinden. Und in der Tat hat, wenn ich von dem Christus weiß, der mir dies als den Weg zum Glück empfiehlt, nur die Bemühung um Gerechtigkeit, das heißt um Leben, die unbeugsame Bemühung, wirklichen Sinn.

Vielleicht können wir, was Jesus uns gezeigt hat, in Regeln fassen. Sie scheinen allesamt utopisch, sind aber die Wahrheit, die zum gelingenden Leben führt:

Scheue dich nicht, den Kürzeren zu ziehen.
Das ist der Weg zur Gerechtigkeit.

Lass dir etwas entgehen.
Das ist der Weg zur Rettung der Erde.

Verzichte darauf, immer siegen zu wollen.
Das ist der Weg zum Frieden.

Sorge nicht immer in erster Linie für dich selbst.
Das ist der Weg zum Glück.

Setze dein Leben für etwas Lohnendes ein,
das dir keinen Lohn verspricht.
Das ist der Weg zur Erfüllung.

Beuge dich nicht dem Zwang, dich ständig zu sichern.
Dann wird deine Zukunft nicht verbaut sein,
sondern offen und begehbar.

Verzichte darauf,
dich in allem selbst verwirklichen zu wollen.
So wirst du dich gewinnen.

Liebe! Das heißt: Lass dich los.
So wirst du dich in die Hand bekommen.

Wenn du solchen Regeln nachlebst,
bist du nicht weit von denen, die Jesus „glücklich" nennt.

IX

DIE AUSEINANDERSETZUNG
WAR UNVERMEIDLICH

Die Wendung nach Jerusalem

„Danach kam die Zeit, in der er von der Erde weggenommen werden sollte, und er wandte sein Gesicht in die Richtung auf Jerusalem" (Lukas 9, 51). Zu jener Stunde kamen Pharisäer zu ihm und warnten ihn: „Geh! Sieh zu, dass du dich entfernst. Herodes fahndet nach dir und will dich töten." Er antwortete: „Geht zu diesem Raubtier und sagt ihm: Noch heile ich Menschen von ihren Leiden an Seele und Leib, heute und morgen. Am dritten Tag werde ich vollendet werden. Aber heute und morgen und am dritten Tag muss ich auf meinem Weg bleiben, denn es geht nicht an, dass ein Prophet anderswo totgeschlagen wird als in Jerusalem." Und danach: „Jerusalem! Ihr Leute von Jerusalem! Ihr tötet die Propheten und steinigt die Boten Gottes. Wie oft wollte ich euch bergen, wie ein Vogel seine Jungen unter seinen Flügeln birgt, und ihr habt nicht gewollt" (Lukas 13, 31–34).

Er will wissen, was Gott mit ihm vorhabe und ob das Reich Gottes tatsächlich in so naher Zukunft hereinbrechen werde. Und wie es scheint, war er entschlossen, im Fall, dass Gott es anders beschließe, als es seinem eigenen Willen entsprach, das Todesschicksal auf sich zu nehmen. Dass ihm das drohte, dürfte ihm klar gewesen sein. Man hat immer wieder gesagt, die sogenannten Leidensansagen, die von ihm überliefert sind, seien ihm hinterher, nach seinem Tode, in den Mund gelegt worden. Aber Jesus müsste unbegreiflich blind gewesen sein, hätte er nicht gesehen, wohin er ging, unbegreiflich ahnungslos, hätte er diese akute Gefahr nicht erkannt.

Spätestens hier wird deutlich, was er mit dem Feuer gemeint hat, das auf die Erde zu werfen er gekommen sei, von dem sein Herz glühte und sein Geist brannte. Buddha hat sich erst spät und gegen schwere Bedenken dazu durchgerungen, das gewonnene Licht der Erleuchtung an die Menschen weiterzugeben. Für Jesus war es von Anfang seines öffentlichen Wirkens an das entscheidende Motiv: Wie kann ich das Feuer, das in mir brennt, das Licht der Welt, weitergeben an die Menschen in ihrer Angst und Not und Dunkelheit? Die erregende Botschaft von dem Gott zu bringen, der sich der Armen annimmt, der die Freiheit des Menschen will, der die erlösende Zukunft heraufführt, war der Kern seiner Absicht. Für diesen Gott glühte er. Für ihn wollte er die Herzen der Menschen aufschließen. Und wenn ihm das nicht gelingen würde, dann wollte er sich selbst für ihn und für die Menschen ins Feuer werfen. Was er vielleicht nicht sah, war, dass er selbst mit seinem Kampf für das Licht in die Dunkelheit geraten und dass Gott, dieser Gott des Lichts, im entscheidenden Augenblick für ihn selbst zur Finsternis werden könnte. Es war ihm vermutlich unvorstellbar, dass er um die Übereinstimmung seines Willens mit dem Willen eines plötzlich so dunklen Gottes so hart würde kämpfen müssen und dass er am Ende den Tod eines von Gott Verlassenen zu sterben haben würde.

Aber das Thema „Feuer" hatte für ihn zu diesem Zeitpunkt noch einen anderen Aspekt. Er war überzeugt, dass Jerusalem vor seinem Untergang stand. Wer die Situation sah, konnte unmöglich annehmen, die Römer würden sich die ständige Aufsässigkeit dieses kleinen Volkes auf die Dauer gefallen lassen. Nein, das war deutlich: Die heilige Stadt und ihr Tempel, das Heiligste, das dieses Volk besaß, würden früher oder später in Flammen aufgehen. Wollte er das verhindern, so musste er in einem letzten Versuch dort die Umkehr, die Wendung, fordern. Wenn er nicht gehört werde, so wäre die Katastrophe unvermeidlich, die der Stadt und seine eigene.

*

Von Galiläa also, dem Land im Norden, zogen Jesus und seine Begleiter durchs Jordantal hinab nach Jericho und von dort aus die Straße durch die judäische Wüste hinauf bis vor die Stadt. Unterwegs nahm er die Zwölf einmal beiseite und deutete ihnen den Sinn dieser Wanderung: „Wir gehen nach Jerusalem. Dort wird man mich den Priestern und Schriftgelehrten ausliefern. Die werden mich zum Tode verurteilen und an die Römer ausliefern. Man wird mich schlagen, anspeien, geißeln und töten. Und am dritten Tag werde ich auferstehen" (Matthäus 20,18f.).

Aber dann folgte vor den Augen der Begleiter Jesu und der übrigen Festpilger, die mit ihm in die Stadt kamen, eine Art von Siegeszug. Vom Rand der Wüste ging sein Weg über die Höhe des Ölbergs hinab ins Kidrontal und hinauf zur Südmauer des Tempelplatzes, durch ein Tor und über die durch einen dunklen Gang hinaufführenden Treppen auf den festlichen Vorplatz. Während dieses Rittes und danach während des letzten Weges zu Fuß rief ihm die Menge den alten Begrüßungspsalm zu, der einem neu gekrönten König galt:

„Gepriesen sei der König!
Gepriesen sei, der von Gott kommt!
Heil und Segen für ihn
von den Höhen des Himmels!"
(Matthäus 21,9)

Der Erwartete, der Erhoffte kommt! Der Jubel muss groß gewesen sein und die Erwartung hoch gespannt. Die Leute rissen Palmzweige ab und winkten ihm damit entgegen. Sie träumten von der

Freiheit, die ihnen der neue König geben würde. Sie träumten vom Untergang der römischen Armee und von einem siegreichen Staat. Und niemand bemerkte, wie die Missverständnisse sich ausbreiteten. Was er sah, muss für Jesus selbst etwas Schreckliches an sich gehabt haben. Er sah: Die Erwartung dieser Menschen ging an allem vorbei, das ihm wichtig war. Jahrelang hatte er geredet – und was war nun das Ergebnis? Selbst seine engsten Mitarbeiter standen dem Sinn der Stunde und seiner Absicht ahnungslos gegenüber. Er wusste: Dieser „Siegeszug" wird ganz anders enden. Ohne Halleluja. In einem grauenhaften Tod.

Oben im Tempelvorhof vor der prächtigen Halle Salomos drängten sich die Massen, und überall standen die Tische der Händler. Dort wechselten die Pilger ihr Geld, denn viele kamen aus dem Ausland. Das Geld, das sie mitbrachten, das aber nicht heilig genug war, um vom Tempel angenommen werden zu können – es trug immerhin das Bild des Kaisers, also eines römischen Gottes – musste getauscht werden gegen „reineres" Geld. Tauben opferte man, also mussten Händler da sein, die Tauben verkauften, mit dem ganzen Lärm, den ein Markt im Orient mit sich bringt. Feste wollten die Menschen, einen glanzvollen Tempel und das Schaugepränge von kultischen Feiern. Vor Jesus steht die ungeheure Kluft zwischen dem, was mit einem Tempel gemeint ist, und dem tatsächlichen Religionsbetrieb. Er nimmt einen Strick, macht eine Geißel daraus und treibt die Händler von ihren Plätzen. Er stößt ihre Tische um und ruft: „Gott spricht: Mein Haus ist eine Stätte des Gebets, ihr aber macht eine Räuberhöhle daraus!" (Markus 11,17).

Wer so störend in den Kultbetrieb eingreift, wer so die Zuständigkeit von Priestern verletzt und das „gesunde Volksempfinden" dazu, darf sich nicht wundern, wenn er auf Widerstand trifft. Wenn er etwa des religiösen Vandalismus bezichtigt wird, wenn ihm jedenfalls der Normalpilger, dessen Stimmung er verdirbt, nicht mehr glaubt, er wolle etwas für die Religion tun. Und was hat er bewirkt? Nichts. Eine halbe Stunde später, so vermute ich, war das Geld eingesammelt, die Käfige der Taubenhändler wieder aufgestellt, und der Markt lief unter der Aufsicht der Tempelpolizei ordnungsgemäß weiter.

Wer war denn, wann immer in der Geschichte der Kirche ein Prophet, ein Erneuerer, ein Reformator auftrat und die Zustände und die Vorgänge in den Kirchen und um sie her beim Namen nannte, von Korruption sprach oder von Machtrausch oder von Geldgier – wer war dann der Schuldige an der Unruhe? Die Kirche nie. Die Gesellschaft nie. Die einzelnen Angeredeten aus der Obrigkeit, die gemeint waren, waren es nicht. Mit den Störern aber wurde der kurze Prozess gemacht. Nicht, wer fragwürdig handelt, ist im Unrecht, sondern bis heute der, der davon spricht. Und in Jerusalem? Niemand sah sich ins Unrecht gesetzt. Die ungesetzliche Handlung war einzig die des Fremden aus Galiläa. Der aber würde seiner gerechten Bestrafung entgegensehen wegen Störung der öffentlichen Ordnung oder gar wegen Aufruhr. Nein, die Tempelreinigung war ebenso erfolglos wie ungesetzlich. Wir haben es selbst erlebt: Nichts ist für Menschen, die ihr ganzes Herz für etwas Notwendiges, etwas Rettendes einsetzen, wie etwa die Bemühungen um eine Kirchenreform, um Frieden oder Gerechtigkeit für die Dritte Welt oder den Schutz der Schöpfung, schrecklicher als zu sehen, wie folgenlos alle Mühe bleibt, wie kaum ein Mensch die Wahrheit hören, die Gefahr sehen, das Rettende tun will. Das Missverständnis begann mit dem Einzug. Im Tempel oben setzte es sich fort in der offenbaren Erfolglosigkeit.

In den Tagen danach saß Jesus einmal am Ölberg der Stadt gegenüber, weinte über sie und klagte: „Könntest du, Stadt, doch verstehen, wie du Frieden findest! Aber du willst nicht. Es wird eine Zeit kommen, da werden dich deine Feinde mit Wall und Graben einschließen und von allen Seiten belagern. Sie werden dich zusammenschlagen, dich und deine Kinder, und werden keinen Stein auf dem anderen lassen" (Lukas 19, 41–44). Tut doch die

Augen auf! Schaut zum Himmel! Der römische Adler kreist über der Stadt, bereit, herabzustürzen. Ich habe euch Wege zum Frieden gezeigt, aber ihr wollt von euren Träumen nicht lassen. „Wie oft wollte ich euch versammeln wie eine Henne ihre Küken unter ihren Flügeln birgt vor dem Raubvogel, und ihr habt nicht gewollt. Schaut in die Zukunft! Schaut die Trümmer eurer Stadt. Verlassen und zerstört liegt der heilige Tempel. Und warum? Weil ihr die Stunde nicht begriffen habt, in der Gott euch besuchen wollte!"(Lukas 13, 34 u. ö.).

Vierzig Jahre später war es so weit. Im Jahr 64 wurde der herrliche Tempel vollendet und geweiht. Im Jahr 70, sechs Jahre danach, stand er in Flammen, und Jerusalem war ein Trümmerhaufen.

Warum eigentlich wollten sie seinen Tod?

Man hat schon immer ein wenig ratlos gefragt, was denn eigentlich der Grund gewesen sei für die Anklage gegen Jesus, für das Todesurteil, für die Hinrichtung. Und man suchte einigermaßen vergeblich nach dem, was die Priesterschaft am Tempel so sehr gestört haben könnte, dass sie sich seiner so schnell und so formlos entledigen musste.

Er hat sich nicht an die Sabbatordnung gehalten, sagte man. „Was am Ruhetag geschehen darf und was nicht, bestimme ich", hatte er gesagt, als seine Jünger am Sabbat aus Hunger Ähren abrissen, also eine Art von Erntearbeit leisteten (Lukas 6, 5). Er hatte gefragt: „Was ist am Sabbat erlaubt? Das Gute zu tun oder es zu unterlassen? Leben zu retten oder Leben zugrundegehen zu lassen?" und hatte am Sabbat einen Mann mit einer gelähmten Hand geheilt (Lukas 6, 9). Eine Anekdote, die bei Lukas am Rand auftaucht, erzählt: „Einmal sah Jesus einen Mann, der am Sabbat arbeitete und sagte zu ihm: Mensch, wenn du weißt, was du tust, so bist du auf dem rechten Weg; wenn du es nicht weißt, bist du ein Frevler am Gesetz." Er will sagen, wenn du einfach nur eine Ordnung missachtest, dann wirkt dein Tun zerstörend, dann ist es kein Zeichen von Freiheit. Wenn du aber verstehst, die Zeichen der Zukunft wahrzunehmen, wenn du also weißt, dass der Sabbat eines Tages aufgehoben sein wird wie alles, was in dieser Welt gilt, dann ist, was du tust, ein Zeichen deiner Freiheit. Wenn du also in der Zukunft lebst, in der auch der Feiertag keinen Zwang mehr ausüben wird, dann ist wahr und richtig, was du tust. Denn was in der Zukunft gelten wird, ist das Maß. Es mag durchaus sein, dass solche Freiheit gegenüber dem Sabbatgebot den Widerstand der Tempelpriesterschaft herausgefordert hat. Aber sie war kein Grund für ein Todesurteil.

Er hat das Gesetz nicht eingehalten, sagte man. Aber was Jesus am Gesetz verschärft hat oder was er unwichtig fand, geht nirgends über das hinaus, was auch andere Gesetzeslehrer seiner Zeit getan und versucht haben. Matthäus 5, 17–20 sagt er: „Meint nicht, ich sei gekommen, Gottes Ordnung und Gesetz aufzulösen oder seinen Willen aufzuheben, den er den Propheten gezeigt hat. Ich bin nicht gekommen, Gottes Willen und Plan zu beseitigen, sondern ihn zu erfüllen. Denn was ich sage, gilt: Solange eine Welt steht und ein Himmel, in dem Gott herrscht, wird von Gottes Willen und Ordnung kein Buchstabe abgestrichen werden. Wer irgendeine noch so unscheinbare Ordnung, die Gott gestiftet hat, überholt nennt und diese Meinung unter den Menschen verbreitet, wird in Gottes Reich keine Ehre gewinnen. Wer sich dagegen nach diesen göttlichen Ordnungen richtet und den Menschen hilft, dasselbe zu tun, wird im Reich Gottes unter den Großen sein. Ich sage euch: Wenn ihr auf Gottes Willen und Plan nicht sorgfältiger achtet und mit willigerem Herzen als die Schriftgelehrten (die Tag und Nacht forschen) und die Pharisäer (die bei jedem Schritt fragen, ob es recht sei, was sie tun), habt ihr keinen Zugang zu Gottes himmlischem Reich."

Er lehnte den Eid ab, den das jüdische Recht forderte; aber das haben die Essener auch getan, wie auch einige vom rigorosen Flügel der Pharisäer. Er hat ins Eherecht eingegriffen, aber nicht, um die Ehe zu entwerten, sondern im Gegenteil, um in seinen Hörern das Bewusstsein ihrer Gültigkeit zu festigen. Er hat in manchen Fragen Mann und Frau rechtlich gleichgestellt. Das war ärgerlich, aber es war kein Grund für ein Todesurteil.

Er hat den Tempel angegriffen, sagte man. Aber was man als Angriff verstehen konnte, richtete sich nicht gegen den Tempel, sondern gegen den dort laufenden Betrieb. Er besuchte regelmäßig die Synagoge, er hielt sich an die Regeln für die Opfersteuern, die der Jude dem Tempel zukommen ließ. Was er im übrigen gegen die Priester und gegen den Tempel gesagt hat, geht nicht über das hinaus, was schon die Propheten Jahrhunderte vorher gesagt hatten. Nein, Tempel und Gesetz sieht Jesus gerade in ihrer Heiligkeit. Auch das kann es nicht gewesen sein.

Das Todesurteil, das der Hohepriester aussprach, lautete auf „Gotteslästerung", weil Jesus bestätigt hatte, er sei der Messias oder Gottessohn. „Gotteslästerung", das war das Wort, das die Juden verstanden. Aber den Titel „Messias" haben auch andere beansprucht. An die Römer wurde Jesus übergeben mit der Anklage, er rufe zum Aufstand auf. „Aufstand", das war das Wort, das die Römer verstanden. Aber das hat er gerade nicht getan. Warum aber diese beiden fragwürdigen Vorwürfe erhoben wurden, ist nicht deutlich. Es muss wohl vielerlei zusammengekommen sein, das diesen Jesus so unerträglich machte, dass man sich gezwungen sah, ihn zu beseitigen.

✳

Der eigentliche Grund scheint mir anderswo zu liegen. Er dürfte wohl im Innersten seines Lebens und Wirkens gelegen haben, in seiner Verkündigung von Gott und von dem, was zwischen Gott und Mensch geschehe. Ich höre ihn etwa so: Wenn du verstehen willst, wie Gott mit dir umgeht, dann sieh zu, was ich tue. Ich sehe Kranke um mich und heile sie. Ich sehe Gebundene, in sich selbst und ihre Schuld Eingefangene, ich löse sie davon und mache sie frei. Ich sehe Verängstigte und Mutlose und gebe ihnen Kraft, ihr Leben anzufassen. Ich sehe Menschen, denen andere die Last ihrer Forderungen, die Last ihrer Verachtung, die Last ihrer Anklagen und Verurteilungen auferlegen, und nehme ihnen die Lasten ab, so dass sie sich aufrichten können und frei ihren Weg gehen. Ich sehe Menschen um mich, die verknäult sind in die Wirrungen und Verknotungen ihrer schulderfüllten Lebensgeschichte und sage ihnen: „Legt alles ab. Gott will euch nicht als Angeklagte vor sich sehen, sondern als seine Kinder, und er vergibt euch eure Sünden." Ich sehe Menschen, die allen Grund haben, sich um ihr Leben, auch das einfachste und täglichste, ihre schweren Sorgen zu machen, und sage ihnen: „Lasst euch von euren Ängsten nicht auffressen. Es ist einer, der euch im Auge hat."

Das dürfte den religiösen Autoritäten in den Dörfern von Galiläa und vor allem auch im Tempel in Jerusalem zu einfach gewesen sein. Man kann doch nicht jeden hergelaufenen Lumpen als Bürger des Gottesreiches anerkennen! Man kann doch nicht sagen, Gott vergebe alle Sünden, ohne dass dafür eine Buße geleistet worden wäre! Wenn das alles gelten und wahr sein sollte, wohin kämen wir mit der sittlichen Ordnung in unserem Land, wohin kämen wir mit der Autorität unserer Überlieferung, wohin mit der Autorität des Tempels und der Priesterschaft? Macht dieser Mensch nicht alles entbehrlich, was eine geordnete Gesellschaft von einer geordneten Religion erwartet?

Aber Jesus blieb dabei: So einfach ist das! So nah ist Gott allen seinen Kindern. So unmittelbar geht der Weg eines Menschen zu Gott. Ohne Umwege. So direkt führt der Weg aus dem hiesigen Dasein in das Gottesreich. Ihr legt den Menschen Lasten auf. Ich nehme sie ihnen ab. Ich möchte, dass sie glücklich sind mitten in ihrem schweren Leben, mit ihren Schmerzen und Leiden und Ängsten. Ich möchte, dass die Schuld ihrer Vergangenheit sie nicht mehr quält und nicht mehr belastet und vergebe ihnen ihre Sünden, und zwar im Namen Gottes.

Am Ende war die Lage klar, jedenfalls für die religiösen und politischen Autoritäten im Lande, und Jesus ging offenen Auges in die Auseinandersetzung mit den religiösen und staatlichen Kräften. Als er sah, dass ihm der Tod bevorstand, blieb er dabei und bezeugte mit seinem Tod, was er sein kurzes Leben lang bezeugt hatte: dass Gott der Vater ist und der Mensch sein Kind und dass alles, was den Menschen von Gott entgegenkommt, in diesem Verhältnis eines Vaters oder einer Mutter zu ihren Kindern einbegriffen ist: Freundlichkeit, Schutz, Führung, Heimkehr. Was Jesus wollte, war denkbar einfach. So einfach wie die Geschichte vom verlorenen Sohn.

Im Evangelium liegt eine alles entscheidende Reihenfolge: Man hat immer und immer wieder behauptet, weil Christus gestorben sei, habe sich die Einstellung Gottes zu uns Menschen verändert. Nein: Weil Jesus von einer anderen Einstellung Gottes zu uns Menschen gesprochen und sie durch sein Tun gezeigt hat, wurde er umgebracht. Man hat gesagt, und vielen, unendlich vielen Menschen ist dabei gerade das Vertrauen zu Gott zerbrochen, das Jesus stärken wollte: Gott sei zornig über uns Menschen. Und wenn nicht sein eigener Sohn als Sühne für unsere Sünden gestorben wäre, könnte Gott uns unsere Sünden nicht vergeben. Nein: Umgekehrt! Weil Jesus nicht vom zornigen Gott sprach, sondern vom bedingungslos liebenden, musste er sterben. Er hat damit gesagt: dazu stehe ich. Für die Armen und Ärmsten und Verrufensten aus Galiläa, die ich von Last und Verlassenheit und Sünde frei gemacht habe, stehe ich ein, und zwar gerade nicht gegen den Zorn Gottes, sondern gegen den Zorn einer beleidigten Obrigkeit.

Ist das alles zu einfach? Werden mir nicht viele sagen: Damit wird es den Menschen zu leicht gemacht? Aber so einfach ist es, und Jesus hat über dieses Einfache keine künstlichen Theorien, keine babylonischen Türme von verwickelten und komplizierten Theologien gebaut. Er hat so gesprochen, dass die Armen seiner Zeit ihn verstehen und Vertrauen fassen konnten.

Noch einmal: Der Tod des Jesus von Nazaret war die Bürgschaft für die Wahrheit, die er verkündigte, die er gelebt, die er in seinen vielen Geschichten gezeigt hat. Wir werden nicht von Gott angenommen, weil Jesus gestorben ist, sondern Jesus hat mit seinem Tod seine Botschaft von der Liebe Gottes besiegelt, damit wir den Mut finden, an sie zu glauben. Ist uns das neu oder fremd? Wenn es uns fremd ist, dann schauen wir doch zu Paulus hinüber, seinem größten Interpreten. Der schreibt: „Wir bitten euch an der Stelle des Christus, lasst euch versöhnen mit Gott." Das bedeutet doch: Christus wollte, dass sein Tod uns mit Gott versöhnt. Er wollte, dass wir unsere verqueren Gottesbilder weglegen und zu dem einen wirklichen Gott heimkehren, für den er Bürgschaft geleistet hat. In erster Linie muss nicht Gott versöhnt werden, sondern wir Menschen. Wir sollen unsere Vorwürfe gegen Gott beenden. Wir sollen unsere Anklagen zurücknehmen. Wir sollen unsere Bilder vom rächenden und strafenden oder gleichgültigen Gott beiseite tun und damit Ernst machen, dass Gott unsere Heilung will, unsere Entlastung, unsere Befreiung, unsere Ermutigung, unsere Heimkehr.

Und was ist nun der Sinn von Sabbat, von Gesetz und Tempelgottesdienst? Die wollen uns helfen, die zu sein, die wir nach Gottes Bestimmung sind: Seine Töchter, seine Söhne, die mit anderen Menschen so umgehen, wie Töchter und Söhne mit ihresgleichen umgehen. Wir sollen einander nicht verurteilen, sondern bejahen (Matthäus 7, 1–5). Wir sollen einander unsere Lasten abnehmen (Matthäus 11, 28). Wir sollen einander helfen, Freiheit zu gewinnen (Johannes 8, 11). Wir sollen einander aufrichten (Lukas 13, 13). Wir sollen einander von Sorgen entlasten. Wir sollen als

Töchter und Söhne Gottes auf dieser Erde Frieden schaffen (Matthäus 5, 9). Wir sollen unsere Kräfte einsetzen, um dem Reich Gottes auf dieser Erde den Boden zu bereiten (Matthäus 6, 33). Und wir sollen einander ermutigen, auch das Leid auf uns zu nehmen, das mit diesem Auftrag verbunden sein könnte (Matthäus 10, 28).

Ist das endgültig zu schlicht? Nun wohl, das Evangelium war von jeher so einfach wie die Geschichte vom verlorenen Sohn. Alles andere ist von – meist – nachdenklichen, ernsthaften Menschen dazuerklärt worden. Meist nicht deshalb, weil sie das Evangelium hätten fälschen wollen, sondern weil es nach ihrer Überzeugung einer breiteren und festeren Begründung bedurfte. Ich meine aber, diese zwei Jahrtausende während Erklärungsarbeit habe fast ebenso viele Rätsel neu geschaffen wie sie lösen konnte.

Eine hellsichtige Liebe gibt ihr Zeichen

In jenen Tagen geschah etwas anderes auch, etwas Reines und Stilles. Jesus übernachtete in dieser Zeit in Betanien, einem kleinen Ort, der eine Stunde Weges zur Wüste hin lag. Während eines Abendessens betrat eine Frau den Raum, eine Alabasterflasche in der Hand mit einem sehr wertvollen Salböl und goss es über seinem Haupt aus, während er zu Tisch lag. Johannes berichtet, es sei Maria gewesen, und sie habe Jesus auch die Füße damit gesalbt. Das ganze Haus aber sei erfüllt gewesen vom Duft des Öls. Als die Jünger das sahen, wurden sie ärgerlich: „Was soll diese Verschwendung? Man hätte das Öl teuer verkaufen können und das Geld den Armen geben." Jesus hörte es und nahm Maria in Schutz: „Was macht ihr der Frau das Herz schwer. Sie hat etwas Schönes für mich getan. Von Armen seid ihr jeden Tag umgeben, mich habt ihr künftig nicht mehr. Wenn sie Salböl über mir ausgoss, dann tat sie es, um meinen Leib für sein Begräbnis zu salben.

Was ich sage, ist wahr: Wo immer man in der Welt davon sprechen wird, dass ich starb, um der Welt das Leben zu retten, da wird man auch reden über das, was sie jetzt getan hat, und wird es als Zeichen ihrer Liebe festhalten" (Matthäus 26, 6–13).

Jesus und seine Begleiter sind zur Mahlzeit versammelt, vermutlich bei einer Stimmung zwischen Vorfreude und Bangigkeit. Was wird jetzt geschehen? Wird Jesus sich zum König ausrufen lassen? Wenn er das aber tut, wie wird die herrschende Klasse von Priestern und Volksvertretern reagieren? Und was werden die Römer tun? Und was geschieht dann mit Jesus? Nicht auszudenken! In dieser Stunde tritt eine Frau auf mit der Hellsichtigkeit, wie sie gerade Frauen in entscheidenden Augenblicken oft gegeben ist. Sie weiß: Was vor uns liegt, ist Schrecken, ist Angst, ist Leid, ist Verzweiflung. Der Tod des Meisters. Und sie tut, was die Lebenden den von ihnen geliebten Toten taten: Sie salbt ihn – als Zeichen gegen die Verwesung, als Wohlgeruch und Liebeszeichen bis ins Grab hinein. Sie tut es vorweg, als fürchtete sie, sie könne es nach seinem schrecklichen Tod nicht mehr tun.

Nun hatte aber die „Salbung" eine mehrfache Bedeutung. Sie wurde an Toten vorgenommen, aber auch zur Einsetzung eines Königs. Wenn in Israel ein Mann zum König ausersehen war, suchte ihn ein Prophet auf und salbte ihn mit Öl. Damit war er designiert. Aber Maria wusste, dass die Hoffnung im Volk, Jesus sei der kommende König, gerade das große, verhängnisvolle Missverständnis war. Wenn sie an eine solche Salbung dachte, dann wohl nur in einem veränderten Sinn: Vielleicht wollte sie ausdrücken: Was die Menschen sich unter einem König vorstellen, das bist du für mich auf eine ganz andere Weise. Du bist es und wirst es immer sein. Aber beide Bedeutungen, die der Liebe zu dem Todgeweihten wie die der Designierung eines Königs, wurden in der Runde der Männer nicht verstanden. Sie fanden nur, es sei viel Geld verschwendet worden. Und vielleicht ärgerten sie sich auch nur darüber, dass hier eine Frau das Wichtige tat.

Diese männliche Grundangst hat denn auch durch die Geschichte der Kirche eine Spur von viel Leid und viel Unrecht gezogen. Durch die Jahrhunderte hin haben die Männer stets ihre Herrschaft gegen die vom Geist Gottes bewegte Frau verteidigt. Wenn eine Frau mehr wusste als der Mann, dann war sie eine Hexe. Zumindest musste sie diszipliniert werden. Und erst heute bemerken wir, wie viel Lebendigkeit in das spirituelle Leben einer Kirche kommen kann, wenn Frauen ihre Weise des Glaubens leben dürfen. Die Geschichte der Leidenstage Jesu hätte es allerdings längst und von Anfang an deutlich zeigen können. Sie ist die Geschichte von Männern, die fliehen, wenn es ernst wird, von Petrus, der versagt, wenn eine Frau ihn erkennt, von Judas, der seine persönliche Meinung, was denn Jesus zu tun habe, durchzusetzen sucht und dabei zum Verräter wird. Von Priestern und ihren Knechten, die ein Schnellverfahren durchziehen, weil sie sich bedroht fühlen. Von einem römischen Gouverneur, der seine Rolle spielt und sich am Ende die Hände wäscht. Von Joseph von Arimatia, der erst auftritt, als alles vorbei ist und zu spät. Sie ist aber vor allem eine Geschichte von Frauen: Von Maria mit ihrem großen Zeichen von Betanien. Oder von Frauen, die Jesus auf dem Weg zum Richtplatz begleiten und sich nicht fürchten, als seine Anhängerinnen zu erscheinen. Die unter dem Kreuz aushalten. Es ist die Geschichte von Frauen, die am frühen Morgen nach dem Passa hinausgehen, um den zerschundenen Leib des Toten noch einmal aus dem Grab zu holen und ihn zu balsamieren, und die den Lebendigen als erste sehen und bezeugen. Es ist die klassische Geschichte von der größeren Kraft der Frauen, wenn Leid und Tod bestanden werden sollen.

Hilde Domin spricht in einem Gedicht von dieser starken, trauernden Liebe:

Zärtliche Nacht

Es kommt die Nacht
da liebst du

nicht, was schön –
was hässlich ist

nicht, was steigt –
was schon fallen muss

nicht, wo du helfen kannst –
wo du hilflos bist.

Es ist eine zärtliche Nacht,
die Nacht, da du liebst,

was Liebe
nicht retten kann.

X

DER PROZESS UND DAS ENDE

Kampfreden der letzten Tage

In den Tagen danach trat Jesus im Tempel auf, vielleicht dort, wo die Schriftgelehrten saßen, von ihren Schülern und anderen Zuhörern umgeben, und die Menschen liefen zusammen. Einmal setzte er mit seiner Rede so ein:

„Lasst euch eine Geschichte erzählen: Es war ein Gutsbesitzer, der legte einen Weinberg an. Er grenzte ihn mit einem Zaun ab, hob eine Kelter aus und baute einen Turm hinein. Dann beauftragte er einige Arbeiter, den Weinberg zu bebauen, und begab sich auf eine Reise. Als die Erntezeit kam, sandte er seine Verwalter zu den Arbeitern. Sie sollten den Ertrag abholen. Die Arbeiter aber packten die Verwalter, peitschten den ersten aus, schlugen den zweiten tot und warfen den dritten mit Steinen zu Tode. Da sandte der Besitzer andere von seinen Dienern, eine größere Zahl, und die Arbeiter taten mit ihnen dasselbe. Zuletzt überlegte er sich: ‚Meinen Sohn werden sie nicht antasten‘ und schickte seinen Sohn. Als die Arbeiter den Sohn sahen, sagten sie: ‚Das ist der Erbe! Wenn wir den töten, gehört der Besitz uns!‘ Sie griffen ihn, stießen ihn aus dem Weinberg und brachten ihn um. Was meint ihr? Was wird der Besitzer des Weinbergs mit den Arbeitern tun, wenn er kommt?

‚Er wird die Verbrecher auf eine böse Art umbringen‘, meinten die Zuhörer; ‚er wird den Weinberg an andere verpachten, die den Ertrag abliefern, wenn es Zeit ist.‘ Da fragte Jesus: ‚Habt ihr nie in

der heiligen Schrift gelesen: Der Stein, den die Bauleute als un-
brauchbar wegwarfen, ist zum Eckstein geworden? Das ist nach
Gottes Willen geschehen und ist ein Wunder vor unseren Augen!
Ich sage euch: Gott gab euch das Vorrecht, sein Volk zu sein. Er
hat euch seine Nähe, seine Güte zugesagt. Er wird euch dieses
Vorrecht nehmen und es einem Volk geben, das tut, was der Güte
Gottes entspricht. Was aber das Wort vom Stein betrifft: Wer auf
diesen Stein fällt, wird auf ihm zerschellen. Auf wen er stürzt, den
wird er zermalmen'" (Matthäus 21, 33–44).

Da suchten die Schriftgelehrten und die Priester nach einer
Gelegenheit, ihn noch in dieser Stunde festzunehmen, aber sie
fürchteten sich vor dem Volk. Ihnen war klar, dass er mit dieser
Geschichte von ihnen gesprochen hatte (Lukas 20, 16–19).

„Da redete Jesus zum Volk und zu seinen Jüngern weiter: Einen
Lehrer des Glaubens haben wir: Mose. Auf seinem Stuhl sitzen
heute die Schriftgelehrten und die Pharisäer. Gut so! Ihre Worte
sind richtig. Was sie euch sagen, das hört! Das nehmt ernst und
lebt danach! Was sie aber selbst tun, davor hütet euch! Sie reden
viel und tun es nicht. Sie bündeln gewaltige Lasten und packen sie
den Menschen auf die Schultern, selbst aber rühren sie mit keinem Finger daran. Was sie tun, tun sie mit dem Ziel, bei den Menschen Ansehen zu finden. Sie lieben die Ehrenplätze an der Tafel
und die vorderen Sitze in den Synagogen. Sie lieben es, wenn die
Leute sie grüßen auf den Märkten und sie anreden: Ehrwürdiger
Meister! Ihr aber lasst euch nicht anreden mit ‚Hochwürden‘,
denn nur die Würde des einen Meisters gilt! Ihr aber seid alle Brüder. Auch ‚Vater‘ sollt ihr niemanden nennen auf der Erde, denn
einer ist euer Vater, der Herr der Welt. Lasst euch auch nicht als
Autoritäten verehren, denn nur einer ist für euch eine Autorität.
Der Hochgestellte unter euch sei euer Diener. Wer seine Würde
hervorkehrt, wird sie dabei verlieren, und wer sich erniedrigt,
wird eben darin seine Bedeutung erlangen" (Matthäus 23, 1–12).

„Unheil über euch, ihr Schriftgelehrten, ihr Pharisäer, ihr

Heuchler, ihr baut den Propheten Grabmäler, schmückt die Gräber der Gerechten und sagt: Hätten wir gelebt in den Tagen unserer Väter, wir wären nicht wie sie zu Mördern von Propheten geworden. So beweist ihr selbst, dass ihr Söhne von Prophetenmördern seid. Auf denn! Zeigt, dass ihr könnt, was eure Väter konnten! Was gilt die Probe? Ich sende Propheten zu euch und Weise und Lehrer. Einige werdet ihr kreuzigen und töten, andere auspeitschen in euren Synagogen und verfolgen von Stadt zu Stadt. So werdet ihr mitschuldig an dem Blut all der Gerechten, das die Erde getrunken hat vom Blut des unschuldigen Abel bis hin zum Blut des Secharja, den ihr ermordet habt zwischen Tempel und Altar. Ich sage euch: An dieser Generation wird es sich rächen" (Matthäus 23, 23–36). Solche Reden bedürfen keiner Auslegung. Sie sprechen klar. Sie werden verstanden. Die Reaktion war deutlich. Die so gebrandmarkten Autoritäten schlugen zurück.

Während Jesus im Tempel seine Kampfreden hielt, tat sich plötzlich eine ganz andere Tür auf. Einige Griechen, Gäste des Festes, wandten sich an die Jünger: „Wir interessieren uns für Jesus. Könnt ihr uns ein Gespräch vermitteln?" Wenn die Juden nicht wollten – war dann der Weg ins Ausland, in den griechischen Kulturraum, nicht eine von Gott eröffnete Chance? Frei wirken können im weiten Raum des Römischen Reichs? Das war verlockend. Es war ein Gedanke, der vielleicht den tödlichen Zusammenstoß mit Juden wie Römern vermied. Es gab ja Juden auch im ganzen kulturellen Umland bis hin nach Rom, und Paulus reiste später von Stadt zu Stadt und von einer jüdischen Gemeinde zur anderen, um dort für Jesus und sein Reich zu wirken. Ich könnte mir denken, dass Jesus für einen Augenblick davon fasziniert war. Aber er wehrte ab. Er verwies die Griechen auf eine Grundwahrheit, die sie aus ihrer eigenen Tradition, aus den Demetermysterien, kannten:

„Wenn das Weizenkorn nicht in die Erde fällt und stirbt, kann es nur verbraucht werden. Wenn es dagegen stirbt, schafft es Frucht. Wer sein Leben für so wertvoll hält, dass er es erhalten will, wird es verlieren. Und wer mir zugehören will, der gehe den Weg, den ich jetzt gehe. Denn die Stunde ist da, in der die göttliche Herrlichkeit an mir sichtbar werden soll. Wo ich sein werde, da soll mein Diener auch sein. Wer aber mit mir geht, den wird mein Vater ehren" (Johannes 12, 24–26).

Gespräche im Abschied

Der letzte Abend kam und mit ihm das Fest der ungesäuerten Brote. Jesus sandte Petrus und Johannes in die Stadt mit der Weisung: „Geht und bereitet uns ein Mahl! Lasst euch einen Saal zeigen, der mit Liegepolstern ausgestattet ist; dort bereitet das Essen vor." Als nun die Stunde kam, legte sich Jesus zum Essen nieder und die zwölf Jünger mit ihm.

Dieser letzte Abend begann im Bericht des Johannes mit einem für das ganze Wirken Jesu charakteristischen Vorgang: „Ehe das Passa kam, empfing Jesus Klarheit darüber, dass nun die Stunde gekommen war, in der er die Welt verlassen und zum Vater gehen sollte. Er hatte die Seinen geliebt während der Zeit seines Wirkens, und er liebte sie bis ans Ende. Und so erhob sich Jesus während des Essens, legte sein Obergewand ab und band sich eine Schürze um. Dann goss er Wasser in ein Becken und fing an, seinen Jüngern die Füße zu waschen und sie mit der Schürze zu trocknen. Danach legte er sein Kleid wieder an und ließ sich auf dem Polster nieder" (Johannes 13, 1–12).

Deutlicher als mit diesem Zeichen kann man es nicht sagen: Ich stelle mich eine Stufe tiefer als ihr steht. Was ich tue, tue ich für euch. Was mir widerfährt, geschieht für euch. Im Grunde geht es nicht um mich, wenn mir dieses Schicksal zugemutet wird, sondern um euch. Ihr könnt euch das deutlich machen, wie ihr wollt und mit welchen Mitteln ihr wollt, wichtig ist, dass euch das nie aus dem Kopf und aus dem Herzen geht: Es geschieht für euch. Und es soll nun das innere Gesetz eures gemeinsamen Lebens sein: Ihr nennt mich Meister und Herr. Wie aber nun ich als euer Meister und Herr euch die Füße gewaschen habe, wie ich den Dienst des Sklaven an euch getan habe, so sollt ihr ihn künftig einander tun. Alles andere ist Trug. Jedes Leben ist Opfer des Lebens um des Lebens willen. Jedes Leben ist Stellvertretung. Lasst alles, was Kampf um obere Plätze sein könnte. Ich bin nicht der große Guru, sondern das Opfer, von dem alle leben. Seid ihr es auch.

Die Fußwaschung war damals nicht nur Säuberung von Schmutz und Staub, sondern auch Fußpflege. Der Diener nahm sich der Verletzungen an, der Blasen, der dünn gewordenen Stellen, der Gelenkschmerzen. Waschen, Trocknen, Massieren, Streicheln, Heilen, Salben, das alles ist Fußwaschung. Sie ist sanftes Wohltun. Sie drückt aus: Der lange Weg, den du heute gegangen bist, braucht dich nicht mehr zu schmerzen. Der, den du morgen gehst, braucht dich nicht zu ängsten. Und so spricht Jesus mit seinem Zeichen auch über den Auftrag, den die Seinen den Menschen dieser Erde gegenüber wahrnehmen sollen: Setzt euch zu den Füßen der Menschen. Hört, was sie klagen. Sie sind müde von ihren langen Wegen. Löst sie aus ihrer Verkrampfung. Helft ihnen, loszulassen. Macht sie lebendig und frei. Helft ihnen zum aufrechten Gang. Führt sie an den Tisch, an dem ihnen Trank und Speise gereicht wird und sie eine Gemeinschaft finden, die sie aufnimmt.

Mit anderen Worten: Ihr habt viel zu viel Angst vor zärtlichen, liebevollen Berührungen. Ihr fühlt euch viel zu sehr zu einer starren „moralischen" Haltung verpflichtet. Ihr solltet eure Hände entdecken und die Haut und die Füße eurer Mitmenschen und etwas verstehen von den Leiden und Verwundungen ihrer Lebenswege. Ihr lebt, ihr Christen, viel zu sehr in euren Köpfen. Und so sagt Jesus zu Petrus, während er mit seinen Füßen beschäftigt ist und Petrus will, dass er ihm auch den Kopf wasche: „Wenn ich dir die Füße wasche, dann gilt das für den ganzen Menschen."

✻

Und er redete weiter zu ihnen: „Von ganzem Herzen habe ich mich danach gesehnt, dieses Fest mit euch zu feiern, ehe ich leide." Dann nahm er den Kelch, betete den Dankpsalm und sprach: „Nehmt! Trinkt alle daraus!" Darauf nahm er ein Brot, brach es und gab es ihnen: „Das bin ich, der für euch in den Tod gegeben wird. Nehmt! Und haltet es so, wenn ihr später an mich denkt." Nach dem Essen nahm er noch einmal den Becher: „Dieser Wein ist das Siegel eurer neuen Gemeinschaft mit Gott. Er ist das Blut, das für euch vergossen wird" (Lukas 22, 15–20).

Ihr seid eins mit mir, sagt Jesus mit all dem. Ihr nehmt mich selbst in euch auf. Ich werde in euch lebendig sein. Er sagt, und wir wiederholen sein Wort bei jeder Feier des Heiligen Abendmahls: Ich bin das Brot. Nimm und iss. Ich komme zu dir. Ich bin bei dir. Ich bin in dir. Du wirst leben, mit mir, in Ewigkeit. Und: Ich bin der Wein. Ich will in dir wirken. In dir reifen, bis Gottes Geist ganz in dir ist und du lebendig bist wie ich.

Ihr seid eins mit mir, sagt Jesus. Es wird also eine neue Gemeinschaft des geschwisterlichen Gottesvolks entstehen. Ich werde in euch sein und ihr in mir. Wir, ihr und ich, werden also ein Leib sein. Und so wird alles Zerreißende und Zerrissene, alles Spaltende und alles Gespaltene geheilt und alles gut sein.

✻

Am Beginn der Passionsgeschichte stehen drei schöne Zeichen. Da ist das erste, das Maria in Betanien gibt: Das zarte Zeichen der Inthronisation. Die Salbung des Hauptes Jesu, das kurz danach die Dornenkrone tragen wird. Da ist das zweite, das sanfte, freundliche Zeichen der Fußwaschung, der Wohltat an jenen Füßen, auf denen nur Stunden später die Jünger die Flucht ergreifen, und das dritte, das Mahl am gemeinsamen Tisch für die, die Stunden danach in alle Winde zerstreut sein werden.

Für sie aber wird in alle Zukunft das heilige Mahl eine Art von „Rhizom" sein. Das ist der Punkt, von dem aus bei einer Pflanze das Wachstum nach oben und das Wachstum nach unten gesteuert wird. Wir wachsen sozusagen nach unten in die Stille. Wir lassen uns los, wir nehmen ab. Wir wachsen nach unten, bis wir den Grund erreichen, aus dem uns Liebe und Lebenskraft zuströmen. Wir beschäftigen uns mit den Füßen. Und wir wachsen nach oben in die Freude, in die Dankbarkeit, in die Ekstase. Wir nehmen das Licht und den Geist auf, der von „oben" kommt, und antworten mit dem Lobgesang. Im Abendmahl kommt das Tiefste und das Höchste in uns zusammen, und das Tiefste und Höchste der anderen. Das Opfer und die Begeisterung. Der Augenblick der Darreichung von Brot und Wein ist der gedehnte Augenblick, in dem Ewigkeit, die ewige Lebendigkeit, aufbricht.

Und Jesus redete an jenem Abend zu seinen Jüngern, den Männern und auch den Frauen, die wohl mit ihm feierten: „Euer Herz erschrecke nicht. In meines Vaters Haus sind viele Wohnungen. Ich gehe nun und bereite euch die Wohnung vor, und ihr werdet dort sein, wo ich bin." „Ich werde den Vater bitten, euch einen Helfer zu senden: den Geist der Wahrheit. Der wird bei euch bleiben und in euch wohnen. In Kurzem wird mich die Welt nicht mehr sehen. Ihr aber werdet mich schauen. Denn ich lebe, und ihr sollt auch leben." „Frieden lasse ich euch. Meinen Frieden gebe ich euch. Ich gebe nicht, wie man unter Menschen gibt. Euer Herz erschrecke nicht und fürchte sich nicht." „Liebt einander, wie ich euch liebe. Größere Liebe hat niemand, als dass er sein Leben hingibt für seine Freunde" (Johannes 14–15). „Ich bin der Weinstock. Ihr seid die Reben. Wer an mir bleibt, in wem ich wirke, der bringt reiche Frucht. Eine Rebe kann keine Frucht tragen, wenn sie nicht am Weinstock festgewachsen bleibt" (Johannes 14–15).

„In Kurzem werdet ihr mich nicht mehr sehen, aber bald danach werdet ihr mich schauen. Ihr werdet verzweifelt sein und klagen, aber euer Weinen wird in Freude umschlagen. Eine Frau, die ein Kind zur Welt bringt, hat Schmerzen und muss sie annehmen, denn sie kann ihrer Stunde nicht ausweichen. Wenn sie aber das Kind geboren hat, denkt sie nicht mehr an ihre Angst und Qual, sondern ist glücklich über ihr Kind. Ich werde euch wiedersehen, und euer Herz wird sich freuen. Und niemand soll eure Freude jemals wieder von euch nehmen" (Johannes 16, 16–22). „Das alles sage ich euch, damit ihr Frieden findet in mir. In der Welt habt ihr Angst, aber fasst Mut: Ich habe die Welt überwunden" (Johannes 16, 33).

Danach schloss Jesus mit seinem großen Abschiedsgebet ab: „Vater, die Stunde ist da. Du hast mir Vollmacht gegeben, all denen ewiges Leben zu verleihen, die du mir gegeben hast. Ich habe dich den Menschen gezeigt und den Auftrag erfüllt, den du mir gabst. Nun komme ich zu dir und rede das alles vor ihren Ohren, damit die Freude, die mich erfüllt, auch ihr Herz fülle. Ich bitte nicht, dass du sie aus der Welt nimmst, sondern dass du sie bewahrst vor dem Bösen. Ich bitte aber nicht nur für sie allein, sondern auch für die, die ihr Wort hören und an mich glauben. Denn sie sollen alle eins sein, wie du, Vater, in mir bist und ich in dir. Wie ich in ihnen bin und du in mir bist, so sollen sie vollkommen eins sein, damit die Welt erkenne, dass du mich gesandt hast. Vater, ich will, dass die, die du mir gegeben hast, bei mir seien, wo immer ich bin. Ich habe dich ihnen kund getan und werde dich ihnen weiter offenbaren, damit die Liebe, mit der du mich liebst, in ihnen sei, und ich in ihnen lebe" (aus Johannes 17). Was Jesus mit alledem sagt, ist das Einfache, dass zuletzt alles auf seine und unsere Heimkehr ausgerichtet sei.

※

Im Lauf des Abends verdichteten sich offenbar die Gerüchte: Man sucht dich! Verlass die Stadt! Und Jesus brach auf und ging mit den Seinen hinunter ins Kidrontal und an den Hang des Ölbergs, zu einem Landgut mit Namen Getsemani, wo er übernachten wollte. Die Szene, die sich dort abspielt, ist bekannt. Aber sie verbirgt ebenso viel wie sie ausspricht. „Setzt euch hier!", wies Jesus seine Begleiter an. „Ich will dort hinübergehen und beten." Er nahm Petrus, Johannes und Jakobus mit sich und fing an zu trauern und zu zagen: „Meine Seele ist zu Tode betrübt. Bleibt hier und wacht mit mir." Dann ging er ein paar Schritte weit, sank auf die Erde und rief: „Mein Vater, wenn es möglich ist, lass diesen Kelch, den ich trinken soll, an mir vorbeigehen. Aber es soll nicht geschehen, was ich will, sondern was du willst." Und noch ein zweites Mal ging Jesus beiseite und betete: „Mein Vater, wenn es keinen Ausweg gibt und ich diesen Kelch trinken muss, so soll dein Wille geschehen" (Matthäus 26, 36–42).

Was stand denn zur Wahl an diesem Abend? Worum ging es denn? Mir scheint, um Folgendes: Jesus konnte sich stellen. Er konnte abwarten, bis die Tempelpolizei ihn finden würde. Damit war das Ende klar: das Todesurteil und die Hinrichtung. Er konnte sich auch retten; er brauchte nur unterzutauchen. Vom Garten Getsemani ist es durch das nächtliche Kidrontal nur eine knappe Stunde Weges, bis die Wüste beginnt. Dort war er unauffindbar, der Fahndung durch die Tempelpolizei entzogen. Dort lebten nicht nur die mit den Tempelpriestern verfeindeten Essener, sondern auch die Familien der Hirtennomaden in ihren Zelten, in den Schluchten und an den Hängen des wüstenhaften judäischen Berglands. Und wollte er zwei Tage gehen, so gelangte er ins Ausland, ins Reich der Nabatäer, und war sicher. Es war eine Versuchung ähnlich der, die die Anfrage jener Griechen bedeutete, die ihn im Tempel hatten sprechen wollen. Er konnte sein Leben retten und im Frieden irgendwo ein alter Mann werden, vielleicht in der Gelassenheit, mit der Laotse die Grenze zum Gebirge überschritt, um sich der Unruhe dieser Welt zu entziehen. Aber er wäre aus der Geschichte verschwunden. Vor allem: Er hätte alles verleugnet, was er bislang vertreten hatte.

Sein Auftrag war von Gott, und er war klar. Jesus stand für Gottes Reich unter den Menschen. Konnte er diesen Auftrag verraten? „Der Geist ist willig, das Fleisch ist schwach", sagte er zu seinen Jüngern, und diese Schwachheit, diese Angst, diese Panik des „Fleisches", das heißt des normalen Menschen, war ihm voll bewusst, auch bei ihm selbst. Sein eigener, menschlicher Wille wollte leben und wirken oder untertauchen und wiederkommen. Gott wollte offenbar anders. Jesus ging weder gelassen noch überlegen noch gar fröhlich in seinen Tod, wie es von Al Halladsch und seiner Kreuzigung erzählt wird. Erst von dem Augenblick an, in dem er den Willen Gottes bewusst bejahte, wurde er still und stiller und immer mehr eins mit seinem Geschick.

Jesus wusste, dass ähnliche Entscheidungen auf seine Jünger und Jüngerinnen zukommen würden. Und so hatte er zu Gott in seinem Abschiedsgebet gesprochen: „Ich bitte nicht, dass du sie aus den Gefährdungen herausnimmst, die die Welt für sie bereit hat, sondern dass du sie vor dem Bösen – vor der Verleugnung, heißt das – bewahrst. Heilige sie in der Wahrheit." Das heißt: Verhüte, dass sie sich Lebenschancen damit ausrechnen, dass sie die Wahrheit verraten. „Heiligen" heißt: Unangreifbar machen gegenüber der Lüge; die Menschen festigen, dass sie zur Wahrheit stehen.

Das also wäre einzuüben oder besser, zu erbitten: Dass nicht unser Wille das Maß gibt, sondern der Wille Gottes, und es wäre der Weg aus der Angst, den Willen Gottes zu wollen statt des eigenen.

✼

Kurz danach kam Judas an der Spitze einer mit Schwertern und Spießen bewaffneten Truppe von Söldnern oder Gerichtsdienern. Judas, der sie an diesen Platz geführt hatte, hatte ihnen ein Zeichen angekündigt: „Der, dem ich einen Kuss gebe, der ist es. Den nehmt fest!" Sofort ging er auf Jesus zu: „Ich grüße dich, Meister!", und küsste ihn. „Mein Freund", erwiderte Jesus, „dazu also bist du gekommen!" Da umstellten sie ihn und nahmen ihn fest. Und Jesus fragte sie: „Mit Schwertern und Spießen kommt ihr daher, mich zu fangen. Bin ich denn ein Räuber? Jeden Tag saß ich im Tempel, und ihr hattet nicht den Mut, mich festzunehmen! Aber all das geschieht, weil Gott es so will." Da verließen ihn alle seine Jünger und flohen (nach Markus 14, 43–49; Matthäus 26, 47–56).

In dieser Szene wird es endgültig Nacht. „Das ist eure Stunde", sagt Jesus zu den Soldaten, „es ist die Stunde der Finsternis." Jesus geht seinen Weg, und er geht für die Seinen in der Nacht verloren. Denn was vor dem Hohen Rat der Juden und vor Pontius Pilatus geschieht, hat kein Licht.

War es eigentlich ein Prozess?

Für fast alles, von dem bisher die Rede war, gab es Augen- und Ohrenzeugen. Was in Galiläa geschah oder in den ersten Tagen in Jerusalem, fand in aller Öffentlichkeit oder auch im Kreis der Freunde statt. Ab jetzt tritt manches ins nicht mehr recht Realisierbare zurück, denn auch die ersten Christen, die zu dieser Zeit schon mit Jesus verbunden waren, konnten nur noch von ferne beobachten, was geschah, und so weit es sich der amtlichen Verschlossenheit entzog. Von hier an, wo der Hohepriester Kaiaphas, der Hohe Rat, der König Herodes Antipas und der römische Gouverneur Pontius Pilatus ins Spiel kommen, spricht die Berichterstattung nur noch von Vorstellungen, wie alles zugegangen sein könnte. Auf dem Richtplatz Golgota, beim brutalen Tod des Aufrührers und Gotteslästerers, finden wir wieder Menschen, die berichten können. Irgendwie hat natürlich irgendein jüdisches Gremium getagt, irgendwie war die römische Macht beteiligt, aber was für die einen und für die anderen der wirkliche Grund war, nach welcher Prozessordnung alles ablief, das ist bei der hektischen Vorgehensweise, bei den wenigen Stunden, die das Ganze dauerte, kaum mehr rekonstruierbar. Ich gehe dem Bericht kurz entlang. Gründlich und ausführlich habe ich das in dem Buch „Vor uns der Tag" getan.

„Sie führten ihn zu dem früheren Hohenpriester Hannas. Danach zu dem amtierenden Hohenpriester Kaiaphas." Matthäus spricht davon, der „ganze Hohe Rat", in dem die wichtigen Parteien des damaligen Judentums vertreten waren, sei versammelt gewesen, es habe sich also alles im Rahmen eines legalen Prozesses abgespielt. Aber das steht in einer seltsamen Spannung zur damals gültigen Prozessordnung. Dieses Prozessrecht, das hundertfünfzig Jahre später schriftlich festgehalten wurde, aber lange zuvor, auch vor der Zeit Jesu, schon galt, bestimmte erstens, dass an einem Fest kein Urteil gesprochen werden durfte; zweitens, dass ein Gerichtsverfahren bei Tage stattzufinden habe und nicht in der Nacht; drittens, dass bei einem Hauptverfahren, das bis in die Nacht hinein andauerte, nach Einbruch der Dunkelheit kein Urteil mehr gefällt werden durfte, und viertens, dass kein Angeklagter nur aufgrund eines eigenen Geständnisses zum Tode verurteilt werden könne. Zudem erscheint es höchst fraglich, dass in der kurzen Zeit eine offizielle Einberufung aller Mitglieder des Hohen Rates zu einer Hauptverhandlung hätte stattfinden können. Wir vermuten also, dass eine legale Sitzung nicht stattgefunden hat und dass nur ein Teil der Mitglieder sich hat versammeln können.

Die Unklarheiten gehen noch weiter: Ein Angeklagter, der verhaftet werden sollte, konnte nur festgenommen werden aufgrund eines Haftbefehls des Hohen Rats. Wenn der aber vorlag, konnte man bei Tage und in der Öffentlichkeit zugreifen und hatte keine Suche in einem nächtlichen Garten nötig. Wenn Jesus sagt: „Warum so heimlich? Ich war doch täglich im Tempel!", dann deutet er nicht nur die Heimlichkeit der Festnahme an, sondern auch ihre Unrechtmäßigkeit. Und weiter: Die Mannschaft bringt ihn nicht zum vorgeschriebenen Sitzungssaal im Tempelbereich, sondern in den Privatpalast des Hohenpriesters. Ein legaler Prozess also sollte eben vermieden werden. Und wichtig ist: Die Fraktion der Pharisäer im Hohen Rat scheint kaum beteiligt gewesen zu sein. Vielmehr handelte vor allem die Partei der am Tempel konzentrierten priesterlichen Macht. Das Volk aber wusste vermutlich nichts von dem ganzen Vorgang, vor allem sicher dann nicht, wenn es sich wirklich um die Nacht des Passa gehandelt haben sollte.

Bemerkenswert bleibt, dass Jesus während der ganzen Verhandlung fast immer geschwiegen hat. Als der Hohepriester ihn fragt, ob er der Messias sei, antwortet Jesus mit einer Korrektur: Nicht der Messias, sondern der Menschensohn. Damit holt er seinen Auftrag aus dem politischen Zusammenhang heraus und rückt ihn in den Zusammenhang des kommenden Gottesreichs. Als Herodes, der Provinzfürst aus Galiläa, ihn ausfragen will, erwidert er kein Wort. Als Pilatus ihn fragt, ob er zur Verweigerung der Steuer aufgerufen habe, schweigt Jesus, obwohl er das leicht hätte klären können.

Während Jesus vor Kaiaphas steht, sitzt Petrus im Hof und wärmt sich am Feuer. Da beginnt seine Verleugnungsgeschichte, weil eine Frau ihn erkannt hatte. Sein Heldenstück, dass er sich bis in den Palast des Kaiaphas vorgewagt hatte, verliert dabei an Glanz. Er rückt vielmehr näher an Kaiaphas als an Jesus heran. Schließlich trägt er ja auch denselben Namen wie er. „Kaiaphas" und „Kephas" bedeuten dasselbe: der Fels. Und wir können annehmen, dass diese Szene sich so zugetragen hat, wie sie erzählt wird, denn als sie abgefasst wurde, hat Petrus vermutlich noch gelebt.

„Die Versammlung stand auf, und man führte Jesus vor Pilatus." Wer Pilatus war, wissen wir vor allem aus Klagen über ihn. Was wir von ihm hören, das sind ständige Querelen mit der Priesterschaft, es sind Todesurteile ohne Verfahren, es sind Massenkreuzigungen und eine lange Folge von Missgriffen gegenüber dem empfindlichen religiösen Bewusstsein der Menschen. Aber fand vor ihm ein eigentlicher Prozess statt? Immerhin gab es ja auch eine genaue römische Strafprozessordnung. Nein, es war einfach die schnelle und unauffällige Beseitigung eines störenden Menschen, wie die Inhaber der Macht sie immer und überall in der Weltgeschichte vorgenommen haben.

Als Pilatus Jesus gegenübersaß oder -stand, fragte er ihn nach dem Sinn seines Anspruchs, ein König zu sein. Jesus antwortete: „Ja, ich bin ein König. Ich bin dazu geboren und in die Welt gekommen, für die Wahrheit zu zeugen. Wer aus der Wahrheit ist, hört meine Stimme." Da fragte Pilatus: „Was ist Wahrheit?" Vermutlich war es bei dem Machtmenschen Pilatus nicht das Interesse daran, was denn nach Meinung dieses Angeklagten Wahrheit sei, sondern eher die verächtliche Abwehr: Was soll das Geschwätz? Was geht mich die „Wahrheit" an? Nun war das Römische Reich durchaus bis zu einem hohen Grade ein Rechtsstaat, und Pilatus wusste, dass das Recht auf Seiten der Wahrheit zu stehen habe, aber es musste ihn irritieren, dass hier einer die Wahrheit beanspruchte, ohne sein Recht wahrzunehmen.

Als Pilatus die Ankläger fragte: „Was soll ich denn mit diesem Jesus tun, von dem ihr sagt, er beanspruche das Königtum Israels?", antworteten sie: „Lass ihn kreuzigen!" Es wird berichtet, das „Volk" habe so geschrien. Aber wer war das? Es ist üblich, die Wankelmütigkeit einer Volksmenge zu illustrieren, indem man das „Hosianna!" des Einzugs dem „Kreuzige!" der letzten Nacht gegenüberstellt. Aber waren das dieselben Menschen? Kaum. Es ist zu vermuten, dass vor Pilatus vor allem die anklagenden Priester und ihre Anhänger standen, die aus dem Tempel zur heutigen Zitadelle am Jaffator herübergekommen waren. Dass eine nennenswerte Volksmenge sich in der Nacht, vor allem wenn es denn die Passanacht gewesen sein sollte, zusammengefunden hätte, vermag ich nicht zu glauben. Die Christenheit aber hat von allem Anfang an „die Juden" allgemein, die Juden als Volk, für den Tod Jesu haftbar gemacht, und sie hat mit dieser Begründung das Unrecht dieser Nacht auf grauenvolle Weise fortgesetzt.

Am Ende wäscht sich Pilatus die Hände und sagt: „Ich bin unschuldig." Ob diese berühmte Geste stattgefunden hat oder nicht – sie hat sich unter Christen tausendfach wiederholt. Der Afrikaner David Diop schildert sie so:

> „Der Weiße hat meinen Vater getötet:
> mein Vater war edel.
> Der Weiße hat meine Mutter geschändet:

meine Mutter war schön.
Der Weiße hat meinen Bruder
auf heißen Straßen zusammenbrechen lassen:
mein Bruder war stark.
Der Weiße hat sich dann gegen mich gewendet
mit seinen roten Händen voll schwarzem Blut
und mit seiner Herrenstimme:
He, Boy, ein Handtuch und Wasser!"

Szenen des Spottes werden berichtet, des Spottes der Juden und des Spottes der Römer. Die Juden: „Die Männer, die ihn festhielten, verspotteten und schlugen ihn. Sie verdeckten ihm die Augen, schlugen ihn ins Gesicht und fragten: ‚Du Prophet, wer war das eben, der dich schlug?'" (Lukas 22, 63 f.). Die Römer: „Die Soldaten legten ihm einen roten Mantel um, flochten eine Krone aus Dornen, setzten sie ihm auf und grüßten ihn: ‚Heil dir, du König!' Sie schlugen ihn mit einem Rohr aufs Haupt, spien ihn an, fielen auf die Knie und huldigten ihm" (Lukas 15, 16–19).

„Da ließ Pilatus ihn geißeln." In einem Kellergewölbe band man ihn an eine Säule und schlug ihn mit der „neunschwänzigen Katze" zusammen. Er hatte sich dafür eingesetzt, dass Kranke Heilung fanden, Zusammengeschlagene ihre aufrechte Gestalt wieder gewannen, seelisch Besetzte die Freiheit und die Würde von Menschen wiederfanden. Nun geschieht ihm aus eben diesem Grunde in der römischen Kaserne jene Qual und Erniedrigung, von der er die Menschen hatte befreien wollen.

Der Spottkönig wird von Pilatus auf der Terrasse des Palastes vorgeführt: „Ecce homo!" Seht ihn doch an! Das ist doch kaum mehr ein Mensch zu nennen! Der gefährdet uns doch nicht! Aber diese Präsentation des Spottkönigs wurde danach zur Dauerszene. Jesus war für die Christenheit immer in seiner Doppelgestalt gegenwärtig: Als der verehrte und gepriesene Himmelskönig und zugleich immer auch als der Narr, den man in aller Regel gerade dann lächelnd überging, wenn aus seinem Wort für die politische oder soziale Wirklichkeit Konsequenzen zu ziehen gewesen wären. Und Jesus ist in der Tat beides: der schwache Mensch mit seiner großen Kraft, der Freie mit den gebundenen Händen und der Machtvolle, der sich zum Opfer bringt.

✣

Als am Morgen danach Jesus hinausgeführt wurde auf den Richtplatz, den Hügel „Golgota", folgten ihm in einer großen Volksmenge auch Frauen, die klagten und ihn beweinten. Am Morgen, so stelle ich mir vor, machte in Jerusalem die Nachricht die Runde: Jesus, der Prophet aus Nazaret, soll gekreuzigt werden! Die Menschen liefen zusammen an dem Weg, der durch das „Gartentor" hinausführt. Und sie sahen ihn, wie er, den Querbalken zu dem Kreuz, an das er geschlagen werden sollte, auf den Schultern, hinauswankte, getrieben von römischen Soldaten.

Die Passionsgeschichte berichtet kurz und lapidar: „Es wurden auch andere hinausgeführt, zwei Übeltäter, die man mit ihm zusammen hinrichten wollte. Und als sie an den Ort kamen, kreuzigten sie ihn dort und die beiden anderen mit ihm, einen zu seiner Rechten und einen zu seiner Linken. ,Vater, vergib ihnen!', rief Jesus, ,sie wissen nicht, was sie tun!' Sie verteilten seine Kleider und warfen das Los darum. Viele Menschen standen da und sahen zu, aber seine Gegner aus dem Hohen Rat spotteten und sprachen: ,Er hat anderen geholfen. Er helfe nun sich selbst, wenn er Christus ist, der Auserwählte Gottes!' Es war aber über ihm ein Schild, auf dem stand: Dies ist der König der Juden" (Lukas 23, 32–38).

Das Kreuz, dieses Schandstück menschlicher Henkerphantasie, ist bei uns Christen allzu gerne und allzu leicht zum Schmuckstück geworden und vielleicht ein wenig voreilig zum Zeichen des Heils. In Wahrheit gehört es mit dem elektrischen Stuhl und mit den Eisenrösten, auf denen man die Hexen verbrannte, zu den Folter- und Mordinstrumenten, mit denen man von jeher die Missliebigen, auf die man seinen Hass warf, zu Tode quälte.

Wenn wir uns an die dunkelste Stelle begeben wollen, die Jesus erfahren hat, und die frommen Übermalungen jenes Todes außer Acht lassen, dann ist Jesus mit dem Schrei gestorben „Mein Gott! Mein Gott! Warum hast du mich verlassen?" Die dunkelste Stelle war nicht dort, wo der Hass der Menschen oder die Charakterlosigkeit des Richters auf den Tod des Mannes aus Nazaret hintrieben, sondern dort, wo es um Gott selbst Nacht wurde, es war die Gottesfinsternis, in der Jesus am Ende versank. Und wir tun gut daran, gerade diese Stelle nicht mit dem Hinweis zu verschönen, Jesus habe doch gerade Gott angerufen, er habe sich also nicht wirklich verlassen gefühlt. Nein, um Gott war Nacht, Gott war der unendlich ferne, und gegenwärtig war nur die Qual.

Den Tod Jesu zu betrachten, fände ich nicht die Kraft, wenn ich nicht, wie die Gemeinde der ersten Christen, von Ostern wüsste, und wenn ich diesen Tod nicht wie sie als Vorspiel des Aufstehens ins Licht begreifen dürfte. Am Ende trugen sie ihn in ein Grab und versiegelten den runden Stein, der das Grab verschloss. „Die Sonne verlor ihren Schein", sagt das Evangelium. Es war Nacht, und die Nacht hatte gesiegt.

XI

CHRISTUS UND DIE INNERE KRAFT

Im Licht des Ostermorgens

Entscheidend aber sind nun die Erfahrungen der folgenden Tage. Sie gaben den Impuls dafür, dass jene Menschen überhaupt anfingen, öffentlich von Jesus zu reden, Berichte über sein Leben zusammenzustellen und für ihn – das ging vielen so – am Ende das Leben einzusetzen. Die Erfahrungen der Ostertage sind der Kern des christlichen Glaubens. Wer nicht glauben will oder kann, dass die Toten leben und dass der tote Christus lebt, der wird kaum etwas Nennenswertes mit dem christlichen Glauben anfangen können. Ihm bleiben eine gewisse Moral oder eine Lebensweisheit, die sich aus den Worten des Jesus von Nazaret entwickeln lassen, aber den entscheidenden Trost, die entscheidende Freiheit wird er nicht finden.

Was ist ihnen denn widerfahren, jenen ersten Christen, das sie aus ihrer fassungslosen Verzweiflung herausgerissen hat? Maria Magdalena steht vor dem Grab und sieht etwas: Eine Gestalt, die sie nicht zu deuten vermag. Aber plötzlich erkennt sie: Das ist er! Er lebt! Fischer stehen in einem Boot und schauen zum Ufer: Da ist er! Er selbst! Er ist da! Zwei sind unterwegs auf einer Straße, da erleben sie, wie einer sie begleitet, und sie erkennen am Ende: Das war Christus! Nichts Dramatisches geschieht. Wären die Geschichten erfunden, so geschähe mehr. Vielleicht fiele auf Römer und Juden ein gewaltiger Schrecken. Vielleicht hüllte sich Jerusalem in ein plötzliches, gleißendes Licht. Vielleicht wüssten die Jünger danach von allen Geheimnissen zwischen Himmel und Erde zu berichten. Aber nichts von alledem. Nichts ereignet sich als stille Begegnungen am Rande der Sichtbarkeit, und nur die erleben sie, die schon vorher mit Jesus verbunden gewesen waren. Das Vorige wird aufgenommen. Worte, früher gesprochen, werden neu gehört.

Oder könnten diese Geschichten doch erfunden sein? Könnte es sich um einen breit angelegten Betrug handeln? Aber wer, wie Stefanus oder Jakobus, lässt sich für einen Betrug hinrichten? Oder waren die Menschen einfach überreizt, waren sie so verwirrt, dass sie von Phantasiegebilden verfolgt wurden? Aber es geschieht ja nichts Wirres, nichts Übersteigertes. In schlichten Worten wird immer neu berichtet, da sei eine Gestalt erschienen. Einige Frauen wollen in ihrer Trauer das Nötige zur Bestattung des Toten tun, da plötzlich scheint etwas vor ihnen auf. Und nicht ein plötzlicher Jubel wird laut, sondern Beklemmung, Angst, die erst später ein Wort findet. Eine Stimme redet sie an. Eine Gestalt wird sichtbar. Sie wissen plötzlich: Er lebt. Das ist alles. Und dieses wenige hat die Weltgeschichte danach aufs Ungeheuerlichste bestimmt.

Wir reden von Erfahrungen. Wichtig dabei ist, dass wir zwischen „Erfahrung" und „Erklärung" unterscheiden. Die Erfahrungen hatten bei aller Verschwiegenheit, in der sie stattfanden, etwas Unerhörtes, etwas nicht Begreifbares, und sie wurden erzählt, wie immer sie geschahen, mit einfachen Worten. Aber danach fragten überall die Menschen, denen sie geschildert wurden, nach Erklärungen. Das ist begreiflich, ja, es ist unvermeidlich, dass man danach wissen will: Ist Derartiges überhaupt möglich? Wie hat es sich abgespielt? Wie kam der Tote aus dem verschlossenen Felsengrab heraus? Woran haben sie denn erkannt, dass sie nicht Opfer von Halluzinationen geworden waren? Und wie ist es mit dem Körper des Toten? Ist er noch im Grab? Aber das kann doch eigentlich nicht sein, wenn man ihn außerhalb gesehen hat? Und wie konnte er den schweren Rollstein abwälzen? Ja, er muss doch eigentlich abgewälzt gewesen sein, sonst wäre Jesus nicht herausgekommen. Und danach muss das Grab leer gewesen sein. Aber wer von denen, die das leere Grab zuerst gesehen hatten, konnte beurteilen, ob der Leib nicht vielleicht von missgünstigen Menschen gestohlen worden war? Aber offenbar wussten sie es. Engel müssen es ihnen gesagt haben.

Oder wenn es doch offenbar so war, dass sich das Gerücht herumsprach, die Jünger selbst seien es gewesen, die den Leib des Toten gestohlen hätten? War das so? Haben das die Priester gesagt? Aber dann müssen sie doch die Grabeswächter bestochen haben, damit es geglaubt werden konnte. Oder wenn Jesus wirklich auferstanden sein sollte, dann müssen doch die schrecklichen Wunden, die ihm zugefügt worden waren, an ihm sichtbar gewesen sein! Da war doch sicher einer, der das behauptet hat. Thomas hat so gesagt. Und danach hatte man die Erklärung: Thomas durfte den Leib des Christus anfassen.

Ich kann mir gut denken, dass solche Fragen nachher in den entstehenden Christengruppen hin und her gestellt und hin und her beantwortet wurden, und dass beide, die Fragen und die Antworten, von den Vorstellungen bestimmt waren, die den Menschen damals geläufig waren. Erstaunlich ist das nicht. Erstaunlich ist vielmehr, dass bei all diesen Erklärungsversuchen das eigentliche Geheimnis, das Stille, das Angedeutete, das Zurückhaltende, das wie Zufällige dieser Erfahrungen erhalten blieb.

Was ist denn wichtig an diesen schmalen Osterberichten? Wichtig ist, wie Maria Magdalena sich umwendet und ihren Meister erkennt. Wie sie sich bei ihrem Namen gerufen hört und antwortet: „Mein Meister!" Wichtig ist, wie Jesus zu den Jüngern ins Zimmer tritt und sie hören: „Friede sei mit euch." Wichtig ist die Begegnung der Fischer mit ihm am Ufer des Sees in der Morgenfrühe. Wichtig ist, wie Petrus hört, er solle sich um die bedrängten Freunde kümmern. Wichtig ist, wie Jesus im Garten jener Frau begegnet, sie aus ihrer Versunkenheit weckt und ihr die Augen öffnet. Wie er auf dem Weg nach Emmaus zu den Jüngern tritt, die auf der Flucht sind vor ihrer Trauer und Verzweiflung, und ihnen folgt in die Herberge und an den Tisch, an dem ihnen die Augen aufgehen. Wie sie in derselben Stunde noch aufbrechen, den Weg nach Jerusalem zurückeilen, die Frauen und die Männer versammelt finden, von ihrer Erfahrung hören und wie sie erzählen, sie hätten den Meister an der Weise erkannt, wie er das Brot brach.

Was ist wichtig? Wichtig ist, dass den Freunden die lebendige Gestalt des Christus begegnet ist als eine Erscheinung aus der anderen Wirklichkeit, und dass sie dabei die Hoffnung gewannen, auch sie würden über ihren Tod hinaus bewahrt sein. Davon aber hätten sie nun zu den Menschen ihrer Umwelt zu reden. Sie wussten: Alles wird enden. Dass das Leben dieses Mannes aber nicht endete, so wenig wie ihr eigenes, war seitdem das Wichtigste, das sie sagen konnten. Ob das Grab leer war oder nicht, ist unwichtig.

Neben die Visionen aber traten die Auditionen. Sie hörten: „Ich lebe und ihr sollt auch leben." Oder: „Wie mich mein Vater liebt, so liebe ich euch." Oder: „Ich bin bei euch alle Tage." Oder: „Wo zwei oder drei versammelt sind in meinem Namen, da bin ich mitten unter ihnen." Was sie hörten, erinnerte sie an früher Gehörtes, und sie verstanden es neu. Sie hörten: „Friede sei mit euch." „Wie mich mein Vater gesandt hat, so sende ich euch." „Nehmt hin den heiligen Geist!" „Mir ist alle Gewalt im Himmel und auf der Erde gegeben. Geht also und macht alle Menschen zu Jüngern und lehrt sie, so zu leben, wie ich es euch gezeigt habe."

Ostern ist die Wendung von der Lebensgeschichte des Mannes aus Nazaret zu seiner Wirkungsgeschichte. Aber entscheidend ist nun nicht, dass da eine Kirche entstand, womöglich eine große, eine mächtige, und dass das Christentum die halbe Welt erobern konnte. Entscheidend ist nicht, was politisch daraus wurde oder was kulturell von ihm ausging. Wichtig ist die innere Wirkungsgeschichte in den Menschen, die in den Großen der äußeren Geschichte des Glaubens in Erscheinung trat und in den Menschen um sie her wieder zur inneren Wirkungsgeschichte geworden ist. Was da wirklich geschah, was neu wurde und wirkungsmächtig, was an neuer prägender Kraft entstand, hatte immer, nach Jahrhunderten und Jahrtausenden, noch die Stille und Unauffälligkeit der ersten Ostererfahrungen. In der Geschichte der Menschheit hat der innere Christus, der auferstandene, der lebendige, ungleich mehr gewirkt als der historische Mensch Jesus. Die Frage nach dem historischen Jesus gehört darum zu den weniger entscheidenden Suchaufgaben des Glaubens.

Nach dem historischen Jesus, der fernen Gestalt aus Galiläa fragt die Theologie seit hunderten von Jahren. Alles hat sie hinterfragt, sortiert, beurteilt, und am Ende blieb kein Stein auf dem anderen. Die Wunder konnten nicht sein, also fielen sie weg. Die Worte waren der prüfenden modernen Wissenschaft meist Worte nicht von ihm, sondern von der nachfolgenden ersten Kirche. Alles wurde fraglich, alles zerfiel in Widersprüche, alles verschwand im Nebel der Vermutungen. Und heute lässt sich der Eindruck kaum vermeiden, es habe alles nicht zur Klarheit, sondern in eine tiefe Verwirrung, vielleicht gar in eine Sackgasse geführt. Vielleicht war die moderne Art, mit Geschichte umzugehen, dem, was man untersuchen wollte, ganz einfach nicht gemäß und darum nicht gewachsen. Dschelaleddin Rumi, der islamische Mystiker, hat gesagt: „Nicht, was Jesus sagte oder tat, ist das Wunder. Das Wunder ist er selbst." Mit „Wundern" dieser hintergründigen Art aber kann unsere moderne historische Wissenschaft, auch die theologische, offenbar ganz einfach nicht umgehen.

Dass Jesus der Christus ist, ist das Wunder. Dass er gegenwärtig ist und nahe, an uns wirksam, dass er in uns wirkt, ist das Wunder, dass er bleibt, der er ist, auch, wenn tausendmal behauptet worden ist, er habe überhaupt nicht gelebt. Wir müssen Jesus

Christus nicht vor dem Unglauben retten, er ist, er bleibt. Wer er ist, das musste von Anfang an auf den inneren Wegen der mystischen Erfahrung erkannt werden, und es gab von jeher keine anderen. In unserer Zeit mehren sich die Anzeichen, dass sich Zugänge zu diesem tiefen Geheimnis öffnen. Unzählige Male ist Karl Rahner mit seinem Wort zitiert worden: „Der Christ der Zukunft wird ein Mystiker sein, oder es wird ihn nicht mehr geben." Meine Erfahrung mit den Menschen dieser Zeit und mit mir selbst sagt mir genau eben dies.

✻

Der Erste, der den historischen Jesus nicht mehr gekannt hat, der aber für diesen Christus sein Leben eingesetzt hat, der erste, der nicht mehr fragte, was Jesus, der Mensch, getan oder gesagt habe, sondern wer er sei, in Zeit und Ewigkeit, war Paulus. Und kaum ein Christentum wird die Kraft haben, die der Wirkungsmächtigkeit dieses Christus entspricht und sie weiter wirken lässt, das nicht immer wieder bei den – zugegeben sehr sensiblen – Gedanken des Paulus ansetzt. „Ich lebe", sagt Paulus, „aber nicht ich lebe, sondern Christus lebt in mir" (Galater 2, 2). „Ist jemand in Christus, so ist er ein neu geschaffener Mensch" (2. Korinther 5, 17). „Ständig werden wir, die leben, in den Tod gegeben mit Christus, damit auch das Leben Jesu an unserem vergänglichen Leibe sichtbar wird" (2. Korinther 4, 11). „Ich bin mit Christus gekreuzigt" (Galater 2, 29). Und: „Ich bin mit Christus auferstanden. Wem das geschehen ist, der suche, was droben ist" (nach Kolosser 3). Oder: „Gott, der gesprochen hat: Licht soll aus der Finsternis hervorleuchten, ist als heller Schein in unseren Herzen aufgegangen, so dass wir das Gotteslicht erkennen, das uns auf dem Angesicht des Christus erscheint" (2. Korinther 4, 4–6). Und: „Gott hat uns bestimmt, in ihm zu leben. Er hat uns eine neue Gestalt, das Bild seines Sohnes, zugedacht, und am Ende wird Christus der Älteste sein unter vielen Geschwistern" (Römer 8, 29). Und endlich: „Wie wir das Bild des irdischen Menschen getragen haben, so werden wir das Bild des himmlischen tragen" (1. Korinther 15, 49).

Es ist von großer und verhängnisvoller Bedeutung, dass diese und ähnliche Worte für viele von uns heutigen Christen eine so merkwürdig geringe Rolle spielen. Ganze Kirchen sind, wenn das Charakteristische eines christlichen Glaubens genannt werden soll, gewöhnt, die „Rechtfertigungslehre" des Paulus als das Zentrale zu nennen. Aber ist das bei Paulus so? Die Rechtfertigungslehre, die sagt, wir würden von Gott gerecht gesprochen aufgrund seiner Gnade, und aufgrund eines Glaubens, der selbst wiederum eine Gabe der Gnade sei, steht im dritten Kapitel des Römerbriefs. Dort schildert Paulus die hoffnungslose Lage des mit sich selbst beschäftigten und von sich selbst besetzten Menschen. Er zeigt zuerst, wie der Mensch weder Gott findet noch das Heil noch sich selbst, und er zeigt danach die enge Stelle, durch die einer gehen muss, der in der Wahrheit leben will. Die Rechtfertigungslehre ist sozusagen das enge Tor, das der durchschreiten muss, der zu Christus gelangen will. Sie zeigt, wie es nicht geht, wie der Mensch das Heil nicht findet, nämlich nicht mit der Anmaßung dessen, der zu seinem Heil etwas beitragen will, sondern nur auf dem Weg über die Gnade Gottes und nur mit dem Glauben, der durch die Gnade Gottes geweckt wird. Aber wie es dann „geht", dass der Mensch das Heil findet, das zeigt Paulus in seinen reichen mystischen Aussagen im sechsten und achten Kapitel des Römerbriefs und an vielen Stellen seiner übrigen Briefe. Die Rechtfertigungslehre ist sozusagen der Eingangsbereich zum christlichen Glauben; sie ist nicht seine Mitte, nicht sein Höhepunkt, nicht sein Ziel. Vielmehr folgt ihr das Eigentliche: die vielen großen und tiefen Worte über den „Christus" im Menschen und über den Menschen, der „in Christus" ist.

Was sagt denn Paulus? Er sagt, es komme darauf an, mit Christus ein Leib zu sein, Christus in sich zu tragen, mit Christus zu sterben und aufzuerstehen, mit Christus in die Herrlichkeit zu gehen; sich zu wandeln in die Gestalt Christi; den Christus so in sich zu empfangen, dass der eigene innere Mensch heranwachse zur erwachsenen Gestalt des Christus; sich in Christus so zu spiegeln, dass seine Herrlichkeit auf dem Gesicht des Zeugen erscheint; auf Christus so zu hören, dass seine Stimme zu der unseren wird. Das älteste, das wir aus der Wirkungsgeschichte Jesu fassen können, ist die mystische Christus-Botschaft des Paulus.

❋

Was wir darum heute wieder neu entdecken müssen, ist das breite Feld der religiösen, der spirituellen Erfahrung. Sie ist weithin unter die beargwöhnten Dinge geraten, wenn nicht unter die vergessenen. Unser ganzes praktisches Leben ist ohne Erfahrung nicht denkbar, auch nicht ohne die, die wir als nachdenkliche Menschen mit unserer eigenen denkenden Bemühung machen. Aber wie steht es mit den Erfahrungen, die wir an jener Grenze machen, vor der unser Nachdenken endet? Es geht ja im christlichen Glauben nicht um die Bereitschaft, bestimmte Glaubenssätze für richtig zu halten, sondern um ein Erleben und Bekennen, ein Ahnen und Schauen und Hören und Verwirklichen dessen, was wir glauben.

Die Bibel jedenfalls redet durch alle ihre Schriften hin von spirituellen Erfahrungen. Wir aber, die sich auf die Bibel berufen, tun so, als seien wir selbst plötzlich unfähig, zu hören oder zu schauen, was über unsere Horizonte hinausgeht, und als wäre Gott stumm geworden. Wenn wir die geistliche Erfahrung ausgrenzen, dann kann der christliche Glaube zwar noch gelernt und ausgesagt werden, aber er lebt nicht mehr, und es geht kein Leben mehr von ihm aus. Der Bibel ist der „Geist Gottes" die offene Stelle in der Welt, durch die Anderes und Fremdes zu uns Menschen kommt, er ist die Wahrheit, die uns erkennbar wird, er ist die Kraft, die uns erfasst und verwandelt und die zu erfahren wir uns in die Wachheit und in die Achtsamkeit einüben müssen. Als Jeanne d'Arc von einem Bischof gefragt wurde, ob sie nicht meine, was sie als einen Anruf und Auftrag Gottes gehört habe, habe nur in ihrer Einbildung stattgefunden, da sagte sie etwas sehr Kluges: „Natürlich geschieht das auf dem Weg über meine Einbildung, aber auf welchem anderen Weg soll denn Gott zu mir reden?"

Was war der Sinn dieses Todes?

Der Schock über das katastrophale Ende des Meisters saß auch danach noch immer tief in den Menschen. Auch nach Ostern blieb die ratlose Frage unbeantwortet, wozu denn dieser Tod nötig gewesen sei, was durch ihn bewirkt, was durch ihn verändert worden sei. Und so wurden in den folgenden Jahrzehnten mehrere grundverschiedene Deutungen für den Sinn dieses Todes gefunden.

Die ersten Christen suchten nach Erklärungen in ihrer Bibel, dem Alten Testament, und fanden im 22. Psalm:

„Sie haben meine Hände und Füße durchstochen.
Ich kann alle meine Knochen zählen.
Sie aber schauen zu und sehen auf mich herab.
Sie teilen meine Kleider unter sich
und werfen das Los um mein Gewand."

Oder sie lasen im Buch Jesaja die Lieder des Gottesknechts: „Er hat unsere Schwachheiten auf sich genommen" (Jesaja 53, 4 und Matthäus 8, 17). „Er ist um unserer Missetat willen verwundet und um unserer Sünden willen zerschlagen. Die Strafe liegt auf ihm, damit wir Frieden hätten und durch seine Wunden sind wir

geheilt" (Jesaja 53, 5 und 1. Petrus 2, 24). Der „leidende Gottes-
knecht" aus dem Buch Jesaja, der sechshundert Jahre vor Jesus
gelebt und gelitten hatte, wurde zum Urbild, dem das Schicksal
Jesu ähnlich sei. Dieses frühe Muster machte klar, dass hinter dem
Tod des Jesus von Nazaret Gottes planender Wille gestanden habe. Der Tod Jesu sei notwendig gewesen.

Das war wohl der früheste Versuch, in die Finsternis der Lei-
densgeschichte Licht zu bringen. Aber es war nicht der letzte. Es
folgten mehrere andere. Man sprach von „Loskauf": Sklaven wurden auf den antiken Märkten zum Kauf angeboten. Sie konnten
nur frei werden, wenn einer für sie bezahlte und sie freigab. So hat
Christus für unsere Befreiung bezahlt. Man sprach auch von „Ge-
fangenenbefreiung": Menschen sind von einer siegreichen Macht
gefangen. Es kommt eine stärkere Macht und befreit sie. Das historische Muster dazu war Kyros, der Babylon eroberte und danach die jüdischen Gefangenen freigab. So hat Christus für uns
getan. Man sprach von „Schuldentilgung": Ein hoffnungslos ver-
schuldeter Mensch erlebt, dass sein Gläubiger ihm alle seine
Schuld erlässt, wie Jesus in seinem Gleichnis von jenem König erzählt hat, und so hat Christus selbst für uns gehandelt. Man
sprach vom „Opferlamm": Wie im Tempel ein Schaf geopfert wird,
damit der Mensch von seiner Schuld vor Gott entlastet wird, so ist
Christus für uns gestorben. Man sprach von „Begnadigung": Wie
ein Staatsoberhaupt ein Todesurteil durch einen Gnadenakt auf-
heben kann, so hat Gott getan. Und so verschieden die Mittel der
Deutung waren und so sehr sie einander widersprechen, immer
bekamen die Menschen, die solche Bilder gebrauchten, einen
Zipfel dessen zu fassen, was der Sinn des Todes Jesu sein konnte;
immerhin einen Zipfel.

So sprach man auch davon, der Mensch solle sich mit Gott
„versöhnen", und das sei ihm möglich dadurch, dass er den Tod
betrachte, den Jesus aus Liebe zu ihm gestorben sei. Der Mensch
sucht ja, so sagte man, seine eigenen Wege abseits des Weges, den

Gott ihm zugedacht hat, weil er, ähnlich einem pubertierenden Kind, den überlegenen Gott, die große Autorität, hasst und sie abwerfen zu müssen meint, um frei zu sein. „Versöhnung" heißt: Wer Christus ansieht, kann seinen Hass gegenüber Gott ablegen und den väterlichen, den ihm freundlich zugewandten Gott finden. Sünde in diesem Sinn und Zusammenhang ist also nicht so sehr Missachtung eines Gesetzes, sondern Abkehr aus einer Gemeinschaft, der der Mensch ursprünglich anzugehören bestimmt war, und Versöhnung ist die Rückkehr, die Heimkehr ins Haus des Vaters aufgrund der Liebe des Christus.

Nun kann man zwei Phasen in diesen Deutungen von einander trennen. Die ersten wurden gefunden in der Zeit, in der die urchristliche Wanderbewegung sich noch im Siedlungsraum der Juden in Palästina bewegte und von dort ihren Ausgangspunkt nahm, um in die Länder der umgebenden Völker überzugreifen. Die zweiten in der Zeit, in der das Christentum unabhängig von seinem jüdischen Ursprung in der griechisch-römischen Welt, in der die jüdischen Deutungsmuster so genau nicht verstanden wurden, verbreitet war. Man kann diese Phasen auch trennen mit dem Zeitpunkt, zu dem der Tempel und das Land der Juden im Krieg gegen die Römer zugrunde gingen, also mit dem Jahr 70.

Ganz anders darum die Deutung des Lukas, der nach der Zerstörung Jerusalems sein Evangelium und seine Apostelgeschichte abfasste. Bei ihm wird, was Jesus für uns getan hat, vor allem im Bild des „Weges" interpretiert. In Apostelgeschichte 3, 15 und 5, 31 wird Jesus als der „Vorausgänger" bezeichnet, der „messianische Anführer". Lukas will sagen: Jesus führt uns ins Leben. Er geht durch den Tod, er steht auf vom Tode und geht ein in das Licht Gottes, und er nimmt uns mit sich oder hinter sich her. Schon in Galiläa war er, wie in Apostelgeschichte 10, 38 geschildert, seinen Weg zu den Armen und Kranken gegangen, er „zog umher und heilte, die in der Gewalt des Todes waren, denn Gott war mit ihm". Nun wird er zum Vorausgänger für die, die ihm

„durch viele Drangsale nachfolgen" (Apostelgeschichte 14, 22 und öfter).

Diese Deutung ist rein ausgelegt in Paul Gerhardts Lied: „Auf, auf, mein Herz, mit Freuden":

> „Ich hang und bleib auch hangen an Christus als ein Glied.
> Wo mein Haupt durch ist gangen, da nimmt er mich auch mit.
> Er reisset durch den Tod, durch Welt, durch Sünd, durch Not,
> er reisset durch die Höll, ich bin stets sein Gesell."

Jesus leistet also nicht irgendeine „Sühne", er geht vielmehr vor uns her und macht uns den Weg frei. Und auf diese Weise zeigt Lukas seinen Lesern den Sinn von Jesu Sterben, ohne sie mit den schwierigen Gleichnisbildern aus der jüdischen Tradition, also mit Opfer, Rechtfertigung, Stellvertretung oder Sühne, zu befassen. „Für euch" gestorben heißt bei Lukas „euch voraus". Er gibt euch die Richtung eures Weges an, er bewahrt euch auf eurem Weg, er macht euch den Weg frei. Sein Tod ist sein Vermächtnis an euch, sozusagen der Beleg für alles, was Jesus gesagt und getan hat.

Und noch einmal anders die Deutung des Johannes. Auch für ihn war der „Weg" eines der wichtigen Bilder. Jesus kam vom Himmel herab, aus dem Uranfang. Er ging unerkannt und missverstanden seinen Weg auf dieser Erde. Er wurde erhöht, stieg wieder auf zum Vater und erlangte seinen anfängliche Lichtglanz wieder. Sein Weg auf dieser Erde aber war der Weg des Liebens. Johannes nahm durchaus auch Bilder auf, die vom Opfer sprechen, das Bild vom Lamm Gottes, vom guten Hirten, vom Weizenkorn, das in die Erde fällt und stirbt. Er nimmt auch das Wort auf, das Jesus im Abschied gesagt habe: „Niemand liebt tiefer als der für seine Freunde stirbt." Die Worte „Rechtfertigung" oder „Gerecht werden" erscheinen aber bei ihm nicht. Für ihn ist selbstverständlich, dass Jesus der Tod nicht von den Menschen aufgezwungen oder von Gott auferlegt worden sei, sondern dass er ihn selbst wählte. „Niemand nimmt mir mein Leben, sondern ich selbst gebe es hin. Ich habe Macht, es hinzugeben, und Macht, es wieder zu nehmen" (10, 18). Wer mit mir verbunden ist, gewinnt es.

Wichtig ist bei all dem, dass wir sehen: Schon die Urgemeinde hat über den Sinn des Todes Jesu verschieden gedacht. Es kann also nicht sein, dass ein Christ heute auf eine dieser Interpretationsweisen festgelegt oder dass er gar verpflichtet wird, alle Versuche einer solchen Deutung gleichzeitig mitzutragen. Die „Lehre" der Kirche ist nicht ein verwaltetes Lehr-gut, das ein für alle Mal festliegt; sie ist vielmehr ein offenes Feld für das Gespräch unter Christen. Denn wir werden nie das Ganze fassen. Es wird uns aber das eine oder das andere treffen. Es wird irgendein Funke überspringen, der uns in Brand setzt. Und einen anderen Beweis für die Wahrheit und für unseren Glauben wüsste ich nicht zu nennen.

Die heilige Nacht und der Christusweg

Es war alles andere als selbstverständlich, dass die Christen der ersten Zeit einen Weg zu den Menschen fanden. Es war alles sehr unsicher, und sie mögen sich immer aufs Neue gefragt haben: Was haben wir ihnen zu bringen? Warum ist alles so schwierig? Warum haben die Menschen so viel Mühe zu verstehen, wovon wir reden? Liegt es vielleicht daran, dass Jesus selbst mit all seinen Bemühungen unter so schrecklichen Umständen gescheitert ist? Von ihren eigenen Erfahrungen aus fragten sie in die Ursprünge zurück. Nicht, um eine Biografie über ihn zu schreiben, sondern um ihn und sein Schicksal zu verstehen.

So stießen sie auf einen Bericht über seine Geburt und Herkunft. Und wie es immer geschieht, wenn einer eine lang vergangene Geschichte erzählt: Immer wird sich von der eigenen Erfahrung und dem eigenen Schicksal des Erzählers etwas in der erzählten Geschichte spiegeln, immer wird sich etwas von seinem Urteilen und Nachdenken darin wiederfinden, auch wenn damit noch lange nicht erwiesen ist, es habe also alles in der Wirklichkeit so nicht stattgefunden. Dass er es erzählt, ist ein Zeichen dafür, dass es ihn betrifft. So erzählen sie die Weihnachtsgeschichte als Spiegelung ihrer eigenen Herkunft und ihres eigenen Unterwegsseins.

Sie erzählen, die Geschichte des Kindes Jesus habe mit einer Wanderung begonnen. Seine Eltern waren unterwegs, von einem steuerhungrigen Staat gezwungen, während ihr Kind zur Welt kommen wollte. Und dabei sahen die Erzähler sich selbst, die den Christus in sich trugen, und den Christus, der durch sie auf ihren Wanderwegen zur Welt und zu den Menschen kommen wollte, zusammen. – Maria und Joseph kamen in ein Dorf südlich Jerusalem, nach Bethlehem, wo sich in den Häusern und auf den Plätzen die Menschen drängten und Quartier nicht zu bekommen war, und die Erzähler setzten für sich im Stillen hinzu: „Das kennen wir!" In einem Viehstall gab es für die Familie schließlich eine Ecke, wohl in einem der Felslöcher am Hang, in dem man die Tiere in der Nacht verwahrte. Das Kind kam zur Welt, und Maria legte es in einen Futtertrog.

In der Nacht saßen draußen auf den kargen Hügeln am Rand der Wüste Hirten aus einer der wandernden Sippen bei ihren Herden. Sie gehörten auf der sozialen Stufenleiter zu denen am unteren Ende. Wenn aber die ersten Christen hörten, was Paulus ihnen zwanzig Jahre nach Jesu Tod sagt: „Seht doch an, wer zu euch gehört! Es sind nicht die Reichen, nicht die Mächtigen, nicht die Gebildeten, sondern die Verachteten, die ganz unten" (1. Korinther 1, 26 f.), dann ist die Betonung, mit der sie sagen: Die ersten, die zu Jesus kamen, waren die Ärmsten, nicht ohne Gewicht. – Diesen Männern bei den Herden, so wird erzählt, erschien ein

198

Licht, und sie hörten eine Stimme sagen: Freut euch! In dieser Nacht ist drüben in Bethlehem der geboren, der euch das Heil bringt und den Frieden, nach dem ihr verlangt. In einem Stall könnt ihr ihn finden! Sie hören: Steht auf! Geht! Lasst euch dort sehen und hören! So hörten auch die Erzähler selbst: „Steht auf! Schweigt nicht! Redet von dem, was ihr erfahren habt!" (Apostelgeschichte 18, 9) oder: „Steh auf! Geh los!" (Apostelgeschichte 8, 26), und machten sich immer wieder auf zu ihren weiten und gefährlichen Wanderungen.

Aber wer führte sie denn? Wer – zunächst – führte die heilige Familie zwischen Nazaret, Betlehem, Ägypten und wieder Nazaret? Viermal, so wird erzählt, hatte Joseph einen Traum. Als er zu entscheiden hatte, ob er bei Maria und dem Kind bleiben solle, bewahrte ihn ein Traum davor wegzugehen. Als sie in Bethlehem waren, wurde er gewarnt: Steh auf, nimm das Kind und seine Mutter und flieh nach Ägypten! Als er in Ägypten war, träumte ihm: Steh auf, geh zurück nach Israel! Und als er Schwierigkeiten in Nazaret fürchtete, kam ein Wort zu ihm: Geh nach Galiläa! Es ist keine Gefahr. So wanderten auch die Erzähler der späten Zeit, zwanzig Jahre nach dem Tod ihres Meisters, nach Weisungen, die sie in Träumen empfingen. Als Paulus in Troas stand an der Stelle, an der Europa und die Türkei einander nahe sind, sah er im Traum einen Mann drübenstehen, der ihm zurief: „Komm herüber! Hilf uns!" (Apostelgeschichte 16, 9). Der Hauptmann Kornelius empfängt eine Weisung im Traum (Apostelgeschichte 10). In der Nacht hört Paulus einmal Christus sprechen: „Fürchte dich nicht! Rede!" Führung, Weisung und Warnung ergingen an die Wandernden in Träumen. Und ihr Modell gleichsam ist Joseph, der Mann, der viermal Führung, Weisung und Warnung von Träumen erkcnnt und befolgt.

Es gibt ja große Träume, weisende, deutende. Da entsteht vor den Augen des Träumenden im Gewirre dessen, was geschieht, ein roter Faden. Er schaut, wie das scheinbar Auseinanderfallende in seinem Schicksal zur Einheit wird. Oder es erfüllt ihn plötzlich ein nicht begründbares Vertrauen, das alle Befürchtungen wie wegwischt, oder eine von innen aufquellende Dankbarkeit mitten in der scheinbar heillosen Situation. Und wer solche Erfahrungen nicht gelten lassen will, wird sehr darauf achten müssen, dass er nicht die Zukunft, die alles verändernde, versäumt. Wirklichkeit entsteht aus Träumen. Und wenn mir einer sagen würde, die Hirten hätten nur geträumt, was sie in Bethlehem erzählten, so würde ich noch lange sagen: Was für ein guter Traum! Und wie viel Wahrheit in ihm über das, was aus ihnen, den Menschen von den Feldern, und aus ihrer ganzen Welt werden kann und soll!

*

Das Spiel der Bilder in jener Nacht geht weiter. Oben sind Sterne. Ihr Licht gilt den Menschen auf der Erde. Drei Männer, Astronomen oder Astrologen, sehen, wie sich zwei Sterne zu einem großen, leuchtenden Stern vereinen, und sie wissen: Was auf der Erde geschieht, ist vom Himmel her bedacht, gewollt und gefügt. Oben und unten sind eins. Die Männer kommen aus dem fernen und fremden Babylon oder gar aus Persien, finden das Kind und verehren es.

Was also sollen wir tun mit Leuten, die fremden Religionen angehören, fragen sich die Christen der ersten Generation. „Was soll mit Menschen geschehen, die aus fremden Völkern und Kulturen stammen und vom Gott der Bibel nichts wissen?", fragt Petrus auf dem sogenannten Apostelkonzil, rund zehn Jahre nach dem Tod Jesu. „Gott macht zwischen ihnen und uns keinen Unterschied" (Apostelgeschichte 15, 4–21). Und Jakobus fügt an: „Meine Überzeugung ist die, wir sollten denen, die aus fremden Völkern Christen werden, keine Steine in den Weg legen und sollten sie in unsere Gemeinschaft aufnehmen."

Die drei Männer der Weihnachtsgeschichte waren „Weise", sie waren Menschen mit besonderer Einsicht und besonderer Würde. Diese Würde tragen sie mit sich, auch wenn sie unerkannt über die Erde gehen. Sie unterscheiden sich von den Menschen, die mit ihnen auf denselben Straßen gehen und in denselben Städten wohnen, dadurch, dass sie durch die Dinge sozusagen hindurchsehen in ihren Hintergrund. Und wenn Christen späterer Jahrhunderte diese drei weisen Männer zu Königen machten, dann sagten sie auf diese Weise noch einmal dasselbe. Sie drückten den Magiern Kronen aufs Haupt, denn eine Krone ist für Christen ja nicht ein Zeichen von Herrschaft, sondern mehr ein Zeichen der Geistesgegenwart. Eine Krone ist für Christen ein Hut, der nach oben offen ist. Ein Zeichen für die Offenheit gegenüber dem Geist. So aber gingen nicht nur die heiligen drei Könige, sondern eben auch die ersten Christen ihre Wege durch eine fremde Welt, geführt vom Geist Gottes.

Lukas erzählt aus der Zeit der frühen Wanderbewegung, es habe eines Tages eine harte Verfolgung der Gemeinde in Jerusalem eingesetzt. „Und alle, die zu ihr gehörten, zerstreuten sich über ganz Judäa und Samaria" (Apostelgeschichte 8,1). Von der ersten Reise des Paulus wird erzählt: „Sie flohen nach Lystra und dann weiter nach Derbe in Kleinasien" (Apostelgeschichte 14,5). Kein Wunder, dass solche Flucht immer wieder einsetzt. Brach nicht auch schon über das Kind von Bethlehem das Unheil herein, als ein verschreckter Tyrann die dortigen Kinder umbrachte? Sind nicht auch Joseph, Maria und das Kind nach Ägypten geflohen, während das Unheil über die Unschuldigen hereinbrach? Flucht war das immer wiederkehrende Charakteristikum des Weges derer, die für Christus unterwegs waren.

Aber wer waren sie denn selbst, die Reisenden in Sachen Jesus

Christus? Sie erzählten die seltsame Geschichte, wie ein Engel Maria besucht und ihr eröffnet habe, sie werde ohne Beteiligung eines Mannes ein Kind empfangen. Das war nichts, was ein Mädchen damals begeistern konnte; im Gegenteil, es war etwas vom Schrecklichsten, das auszudenken war. Denn ein Kind ohne Vater war in jener Zeit ohne Recht und Schutz wie auch seine Mutter es war. Die schönen alten Bilder vom Besuch des Engels bei Maria tun alle so, als hätte nun nach dieser imposanten Erscheinung das Mädchen glücklich und dankbar sein müssen. In Wirklichkeit war es der Anfang der Verzweiflung. Denn nun drohte nicht nur dem Kind, sondern auch seiner Mutter eine akute Gefahr. Und im Grunde schildern die ersten Christen, die das erzählen, ihre eigene Situation. Sie waren ohne Schutz und ohne Recht. Überall konnten sie verhaftet, gefangengesetzt oder umgebracht werden. Niemand trat für sie ein, und nicht einmal der Status des römischen Bürgers schützte Paulus davor, unzählige Male eingekerkert und geprügelt zu werden. Und sie nahmen diese „Vaterlosigkeit" hin und bekannten sich dazu.

So und auf viele Weisen zeichneten sie ihre Lebensform, ihre Gefährdung, ihre Armut in die Geschichte von der Geburt Jesu ein. Woher kam denn ihr merkwürdiger Glaube? War denn seine Entstehung und Herkunft weniger erstaunlich als die Herkunft des Kindes? Ihr Mut, woher kam er? Er war ja nicht erklärlich, wenn sie ihn sich selbst ausgedacht hatten. Er entstand sozusagen durch einen Einbruch von oben, dadurch, dass der Geist Gottes ihn schuf, ihn weckte und ihm seine Botschaft mitgab. Er kam so unmittelbar von Gott wie das Kind der Jungfrau.

Wir lesen heute die Geschichte von der „heiligen Nacht". Und wir müssen dabei sehen, dass die Zeit dieser Welt, die Zeit bis zum Anbruch des Reiches Gottes, für die Menschen, die sie erzählen, eine Nacht war, nicht ein Tag, eine Nacht vor dem Anbruch des großen, eigentlichen, lichterfüllten Morgens, den das große Zeichen in der zu Ende gehenden Nacht, der „Morgenstern", ankündigt.

Ist also die ganze Weihnachtsgeschichte eine späte Erfindung der Wanderbewegung? Nein, durchaus nicht. Aber wenn über Vergangenes berichtet wird, über früher Geschehenes, dann berichtet ein Berichterstatter immer auch aus seiner eigenen Situation heraus, und seine Situation prägt das Bild des Geschehenen mit. So wird die Geschichte vom Stall in Bethlehem eine Trostgeschichte für Menschen, die ein Schicksal erleiden wie Paulus es in 2. Korinther 11 schildert: „Ich bin oft im Gefängnis gewesen. Ich bin öfter als irgendein anderer gegeißelt worden und in Todesnot gekommen. Von den Juden habe ich fünfmal die Höchststrafe erhalten, nämlich neununddreißig Geißelhiebe. Dreimal bin ich mit Stöcken geschlagen und einmal gesteinigt worden. Dreimal habe ich Schiffbruch erlitten, Nacht und Tag habe ich in den Wellen zugebracht. Viele mühselige Reisen habe ich hinter mir. Auf Flüssen bin ich in Gefahr gewesen, in Gefahr durch Räuber, in Gefahr durch mein eigenes Volk und in Gefahr durch fremde Menschen, in Gefahr in den Städten, auf einsamen Wegen und auf dem Meer, und immer wieder auch in Gefahr durch falsche Brüder. Mühe und Arbeit habe ich gehabt, Schlaflosigkeit, Hunger, Durst, Entbehrung, Frost und Mangel an Kleidern. Und dabei ist all das nicht eingerechnet, was täglich dazukommt, nämlich dass ich ständig angelaufen werde und mir die Sorge für alle Gemeinden auf der Seele liegt. Wer wird schwach, und ich werde nicht schwach? Wenn ich irgendetwas habe, dessen ich mich rühmen kann, dann ist es meine Schwäche. Gott, der Vater unseres Herrn Jesus Christus, weiß, dass das alles wahr ist."

Was ich als Christ glauben darf

Wenn das gilt, was wir von Jesus hören, was macht dann den christlichen Glauben aus? Was kann ich dann am Ende sagen über Gott, über Jesus und mich selbst? Ich will versuchen, in zehn Sätzen zusammenzufassen, was sich mir ergeben hat:

Es steht einer zu mir. Der bejaht mich. Ich kann darum zu mir selbst stehen. Ich kann mich annehmen. Ich lege meine Unsicherheit ab. Ich atme auf und lebe.

Ich bin gehalten. Mir geschieht nur, was Gott will. Ich kann also Mut fassen. Ich brauche mich nicht zu fürchten, und ich kann auch anderen Mut machen zu ihrem Schicksal.

Ich werde heil und ganz sein. Was ich in mir an Rissen und Brüchen kenne, soll geheilt werden. „Steh auf!", sagt mir Jesus. Ich lasse mir also meine Schuld abnehmen und richte mich auf.

Ich kann meine Last ablegen. Ich kann vertrauen und meinen Weg sorglos und gelassen gehen. Ich lasse los, was mich bindet und zu Boden drücken will. Gott will mich leicht und fröhlich.

Ich bin ein freier Mensch. Niemand steht über mir außer Gott. Ich kann für meine Überzeugung stehen. Gegen jeden Trend und gegen jede Macht. Wenn es mir Gott aber bestimmt, bin ich bereit, meine Freiheit abzugeben, ohne mich zu wehren.

Mir ist die Wahrheit gezeigt. Ich kann also in meinem Kopf für Klarheit sorgen. Ich kann unterscheiden, was wichtig und was unwichtig ist. Ich nehme die Zeichen der Zeit und meines Lebensweges wahr.

In mir ist Frieden, denn in mir ist Christus. Mein eigener unfried-licher Wille gibt dem Willen Gottes Raum. Ich übe mich darin, Frieden zu stiften.

Ich bin nicht allein. Ich bin zuhause bei Gott und bei den Men-schen. Der Tisch ist frei. Das Haus ist offen. Ich stelle mich zu denen, die mit mir zusammen das Haus dieser Erde bewohnen, zu ihrem Leid und ihrer Einsamkeit.

Mir ist ein Auftrag gegeben: Ich soll in der Liebe Gottes leben und sie für andere spürbar machen. Ich bin ein Saatkorn für das Reich Gottes und für seine Gerechtigkeit. Das ist der Sinn meines Le-bens.

Ich sehe ein Ziel vor mir. Ich bin gerufen. Ich werde meinen Weg gehen in die größere Welt. Der Tod kann mir nichts anhaben. Christus lebt, und ich werde leben und glücklich sein.

XII

EKSTATISCHES DASEIN

Die Narren Gottes und der Geist

„Als fünfzig Tage nach Ostern das Pfingstfest anbrach, waren sie alle versammelt. Plötzlich kam ein Brausen über sie, als überfiele sie ein schwerer Sturm. Das ganze Haus, in dem sie saßen, war davon erfüllt. Sie sahen Feuer, wie in einzelne Flammen zerrissen, das fuhr über sie her. Gottes Geist erfasste sie alle und erfüllte sie, und sie fingen an, fremdartige Worte zu stammeln, wie der Geist sie ihnen eingab" (Apostelgeschichte 2, 1–4).

Die Wende zur Wirkungsgeschichte Jesu geschah an Ostern. Ihr aktueller Beginn liegt in dem, was wir Pfingsten nennen: Im Hereinbrechen des Geistes Gottes in eine wartende Gemeinschaft, die nun weiß: Wir können aus uns herausgehen, unsere Erfahrung sagen und zeigen. Wir brauchen uns nicht zu verstecken! Denn wir sind die, in denen und durch die die Geschichte Jesu von Nazaret auf dieser Erde fortgeht. Der Geist des Christus redet in uns, treibt uns, erfüllt uns, macht uns zu Kündern, zu Zeugen. Wir sind Instrumente, auf denen ein anderer spielt, was in dieser Welt zu Gehör gebracht werden muss!

Was die Apostelgeschichte von jenem einzelnen, bestimmten Tag berichtet, ist seitdem eine immer wiederkehrende Erfahrung. Menschen wissen plötzlich, dass sie bewahrt sind. Geführt. Gewiesen. Woher haben sie das? Menschen schauen voraus in die Zukunft. Mit welchen Organen ahnen oder sehen sie? Es gibt Menschen, die über tausend Kilometer hinweg sehen, was anderswo geschieht, oder die vorauswissen, was am nächsten Tag geschehen wird, obwohl sich nichts davon abzeichnet. Oder die Verbindung mit einem Toten gewinnen. Oder einfacher: Menschen wissen plötzlich, wohin sie gehen und was sie tun müssen. Sie können plötzlich ihr Herz öffnen. Sie können deuten, was die Zeichen ihrer Zeit sagen. So berichtet die Pfingstgeschichte, die vom Geist getroffenen Menschen hätten sich in fremdartigen Lauten geäußert, und sie seien verstanden worden. „Sie redeten, wie es ihnen der Geist eingab." Das Dasein erwies sich ihnen als offen nach überall hin, Wände wurden durchlässig. Das Fremde wurde einbezogen in das eigene Denken. Und plötzlich gewann das kleine eigene Dasein einen Auftrag, einen evidenten Sinn.

Und so schreibt Paulus: „Was kein Auge gesehen und kein Ohr gehört hat und was in keines Menschen Herz gekommen ist, das hat uns Gott offenbart durch seinen Geist." „Wo aber der Geist Gottes ist, da ist Freiheit. Nun schauen wir die Herrlichkeit Gottes wie in einem Spiegel. Wir werden in sein Bild verwandelt und gehen von einer Umwandlung in Licht in die andere" (2. Korinther 2, 18). Oder: „Der Geist Gottes hat seine Liebe in unsere Herzen ausgegossen, nun können wir lieben" (Römer 5, 5). Er sagt: „Der Geist nimmt in uns Wohnung." Oder: Der Geist Gottes geht in unseren Geist ein, und indem er allmählich in uns Raum greift, nehmen wir die Gestalt des Christus an, und in dieser neuen und größeren Gestalt werden wir hinübergehen in die andere Welt.

Wer freilich von Dingen redet, die in dem engen Raum unseres normalen menschlichen Daseins keinen Raum finden, macht sich für die Menschen unbegreiflich. Er wird zum „Narren". Und so sagt Paulus: Wir sind die Narren Gottes, und wir sind es gerne. Denn der Auftrag, den uns Christus gibt, ist immer nahe an einer „Verrücktheit", aber das ist die Verrücktheit, die in der Liebe und im Vertrauen, im Mut, in der Zuversicht immer mit am Werk ist.

Und so zogen sie von Ort zu Ort, die von Jesus und seiner Auferstehung überzeugten Menschen. So sammelten sie Worte, an die sie sich erinnerten, so sammelten sie Geschichten, so rekonstruierten sie seine Lebensgeschichte. So wurden sie zum Ort und Raum jener Ausstrahlung des Jesus von Nazaret, die uns Heutige noch immer trifft. In ihren Gottesdiensten riefen sie „Maranatha!" „Herr! Komm!" und der Herr kam, nicht auf den Wolken des Himmels, sondern in der Stimme des Geistes in ihren Herzen.

❧

Geist Gottes – es ist etwas Schwebendes in diesem Wort. Das hängt damit zusammen, dass mit dem Wort nicht nur Gott bezeichnet werden soll, sondern auf eine sehr eigentümliche Weise auch der Mensch. „Geist Gottes" ist gleichsam das Überschneidungsgebiet zwischen Gott und Mensch, und die unscharfen, flutenden Bilder vom Geist Gottes, die Taube oder das Feuer oder der Wind, sind Bilder von Gott und vom Menschen zugleich. Das also ist uns zugedacht: Instrumente des Geistes Gottes zu sein. Wer aber in der Schwingung lebt zwischen Himmel und Erde, der wird sich Träumen öffnen und Hoffnungen, Zukunftsbildern und allen Offenbarungen, die zwischen Himmel und Erde geschehen. Dürften wir so nicht träumen, so hätte auf dieser Erde kein Fest irgendeinen Ort oder Sinn.

Wenn wir ein Fest feiern, dann feiern wir ja das Leben, das Gott uns gab. Das Fest sagt: Du hast Leben vor dir, unendliche Lebendigkeit. Das Fest ist Ausdruck der Freude darüber, dass in unserem kleinen Leben Raum ist für den Atem, aus dem die Welt hervorging. Und eines Tages, so sagt das Fest, wirst du anhalten, einatmen, durchatmen. Du wirst frei im Wind Gottes stehen, erfüllt mit seinem Atem, und wirst erst recht noch einmal anfangen zu leben.

Der Mensch also soll Instrument des Geistes Gottes sein. Inspiration durch den Geist und stellvertretende Darstellung des hörenden und antwortenden Gottes auf dieser Erde, das sind die

Merkmale der Töchter und der Söhne Gottes, sagt Paulus. Sie sind der Ort eines leisen, wortlosen Gesprächs Gottes mit sich selbst.

Der Geist Gottes wird als Flug einer Taube gesehen. „Der Geist Gottes schwang sich herab vom Himmel wie eine Taube sich herabschwingt" (Matthäus 3, 16). Diese Taube ist zugleich Zeichen des Geistes, der im Menschen seine beflügelnde Kraft zeigt. Der Geist wird als ein Feuer gesehen. So berichtet die Pfingstgeschichte, in den verschlossenen Raum, in dem sich die Christen versammelt hätten, sei ein Feuer hereingefahren und habe die Menschen sozusagen umgeschmolzen. Dieses Feuer war von da an nicht nur ein Bild für den Geist Gottes, sondern auch für den Menschen, der vom Geist entzündet ist. Luther sagt: „Der heilige Geist – das ist die Flamme des Herzens, das Lust hat zu dem, was Gott gefällt." Niedriger aber als so, dass ich vom Geist Gottes rede, kann ich von hieraus nicht über uns Menschen reden. Und mit diesem hohen Respekt werde ich danach auch über alle mir fremden Menschen auf dieser runden Erde sprechen. Warum sollte ich den Geist Gottes, der diese ganze Welt durchwirkt, nicht ahnen dürfen im Schweigen Buddhas, in der Ehrfurcht der Moslems, im Tanz der Derwische oder im Gesang der Indios? Wie komme ich dazu, dem Geist Gottes Grenzen zu setzen? Wenn mir Gott groß genug ist, wird mir auch die Wahrheit, die er irgendeinem Menschen eröffnet, groß sein. Wenn ich in seinen Augen klein genug bin, werde ich sehen, dass die Wahrheit, die ich bisher in mein Leben einverwandeln konnte, klein ist. Wer aber noch für die Wahrheit kämpft, ist von ihr noch nicht überwunden. Wer noch gegen irgend etwas anrennt, läuft mit Gewissheit gegen etwas, das er nicht wahrnimmt.

Funken aus dem Feuer

„Wach auf, du Schläfer! Steh auf! Christus will dich zu Licht machen!" (Epheser 5,14). „Das Licht ist da. Leuchte nun aus Christus, der das Licht ist! Lebe wie ein Kind des Lichts!" (Epheser 5,8). Die Nomaden jener Zeit ebenso wie die Beduinen von heute, mit denen ich immer wieder nachts an ihren Feuern saß, sahen, wie Funken aufstoben, in die Nacht hinauswirbelten und nach einigen Augenblicken verlöschten. Diese Funken waren für sie die „Kinder des Lichts". Und es ist kein weiter Weg bis zu der Deutung, die der Epheserbrief ihnen gibt: Das Feuer ist Christus. Er hat euch glühend gemacht. Er sendet euch aus für einen kurzen Flug, bis ihr erlöscht. Lebt wie die Funken aus dem Feuer, wie die Kinder des Christus. Der kurze Flug ist das weithin sichtbare Zeichen für eure Herkunft aus dem Licht.

Das Gleichnis von den Funken will sagen: Du, Mensch, bist der Punkt, an dem die Wirkungsgeschichte Jesu ihr vorläufiges Ziel erreicht. Von dir aus aber soll sie weitergehen in die Menschen um dich her und nach dir. Du stehst in einer Lichterkette, die sich durch die Jahrtausende hinzieht, und es kommt auf nichts an als darauf, dass du für den kurzen Augenblick deines Lebens in der Dunkelheit dieser Welt sichtbar bist.

Und so, nicht anders als wir, standen damals die Frauen und Männer aus dem Kreis um Jesus aus ihrer Verzweiflung auf und gingen ihren Weg, den Weg des Bekennens und des Leidens und der unbeugsamen Zuversicht.

Empfehlenswerte Literatur
zum Thema „Jesus"

Allgemein verständliche Bücher

Berger, Klaus: Wer war Jesus wirklich? Quell Verlag, Stuttgart 1995

Biser, Eugen: Der Helfer. Eine Vergegenwärtigung Jesu,
   Kösel Verlag, München 1973

Guardini, Romano: Der Herr. Betrachtungen über die Person
   und das Leben Jesu Christi, Werkbund-Verlag, Würzburg 1964

Holl, Adolf: Jesus in schlechter Gesellschaft, Kreuz Verlag,
   Stuttgart 2000

Porter, Joshua R.: Jesus und seine Zeit, Kreuz Verlag, Stuttgart 1999

Spoto, Donald: Jesus, der Mann aus Nazaret, Europaverlag,
   Hamburg 1999

Theißen, Gerd: Der Schatten des Galiläers, Kaiser Verlag,
   München 1999

Vanier, Jean: Jesus. Geschenkte Liebe, Herder Verlag,
   Freiburg 1994

Anspruchsvolle Darstellungen

Biser, Eugen: Das Antlitz. Eine Christologie von innen,
   Patmos Verlag, Düsseldorf 1999

Moltmann, Jürgen: Der gekreuzigte Gott, Kaiser Verlag,
   München 1972

Theißen, Gerd: Die Religion der ersten Christen, Kaiser Verlag,
   München 2000

Aus der theologischen Forschung

Berger, Klaus: Theologiegeschichte des Urchristentums,
Francke Verlag, Tübingen 1995

Berger, Klaus: Formgeschichte des Neuen Testaments,
Quelle und Meyer Verlag, Heidelberg 1984

Köster, Helmut: Einführung ins Neue Testament im Rahmen
der Religionsgeschichte der hellenistischen und römischen
Zeit, de Gruyter Verlag, Berlin 1980

Schweitzer, Albert: Geschichte der Leben-Jesu-Forschung,
Verlag Mohr-Siebeck, Tübingen 1984

Vielhauer, Philipp: Geschichte der urchristlichen Literatur,
de Gruyter Verlag, Berlin 1975

Zur Zeitgeschichte und Umwelt

Berger, Klaus: Qumran und Jesus, Quell Verlag, Stuttgart 1993

Lohse, Eduard: Umwelt des Neuen Testaments,
Verlag Vandenhoeck & Ruprecht, Göttingen 1980

Stegemann, Hartmut: Die Essener, Qumran, Johannes der Täufer
und Jesus, Herder Verlag, Freiburg 1993

Sternberger, Günther: Pharisäer, Sadduzäer, Essener,
Verlag Katholisches Bibelwerk, Stuttgart 1990

Zur Soziologie der Jesusbewegung

Kee, Howard Clark: Das frühe Christentum in soziologischer
Sicht, Verlag Vandenhoeck & Ruprecht, Göttingen 1982

Meeks, Wayne A.: Zur Soziologie des Urchristentums,
Kaiser Verlag, München 1979

Schottroff, Luise u. Stegemann, Wolfgang: Jesus von Nazareth, Hoffnung der Armen, Kohlhammer Verlag, Stuttgart 1978

Theißen, Gerd: Soziologie der Jesusbewegung, Kaiser Verlag, München 1977

Theißen, Gerd: Studien zur Soziologie des Urchristentums, Verlag Mohr-Siebeck, Tübingen 1979

Aus der apokryphen Literatur von oder über Jesus

Betz, Otto u. Schramm, Tim: Perlenlied und Thomasevangelium, Benziger Verlag, Zürich 1985

Dietzfelbinger, Konrad: Apokryphe Evangelien aus Nag Hammadi, Dingfelder Verlag, Andechs 1988

Jeremias, Joachim: Unbekannte Jesusworte, Gütersloher Verlagshaus, Gütersloh 1963

Martin, Gerhard Marcel: Werdet Vorübergehende, Radius Verlag, Stuttgart 1988

Rosenberg, Alfons: Unbekannte Worte Jesu, Barth Verlag, München 1954

Jüdische Darstellungen

Ben-Chorin, Schalom: Bruder Jesus, List Verlag, München 1967

Flusser, David: Jesus, Rowohlt Verlag, Reinbek 1968

Flusser, David: Die letzten Tage Jesu in Jerusalem, Calwer Verlag, Stuttgart 1982

Außerchristliches

Machovec, Milan: Jesus für Atheisten, Kreuz Verlag, Stuttgart 1972

Speziell zur Passions- und Ostergeschichte

Barth, Gerhard: Der Tod Jesu Christi im Verständnis des Neuen Testaments, Neukirchner Verlag, 1992

v. Campenhausen, Hans Freiherr: Der Ablauf der Ostergeschichte und das leere Grab, Winter Verlag, Heidelberg 1977

Kertelge, Karl (Hrsg.): Der Tod Jesu u. Deutungen im Neuen Testament, Herder Verlag, Freiburg 1976

Lohfink, Gerhard: Der letzte Tag Jesu, Herder Verlag, Freiburg 1981

Zink, Jörg: Auferstehung, Kreuz Verlag, Stuttgart 1999

Mystische Darstellungen

Fox, Matthew: Vision vom kosmischen Christus, Kreuz Verlag, Stuttgart 1991

Wöller, Hildegunde: Ein Traum von Christus, Kreuz Verlag, Stuttgart 1987

Zink, Jörg: Dornen können Rosen tragen, Kreuz Verlag, Stuttgart 1997

Zink, Jörg: Die goldene Schnur, Kreuz Verlag, Stuttgart 1999

Vom Zusammenhang zwischen Christentum und fremden Religionen

Forward, Martin: Jesus. Eine Biographie, Herder Verlag, Freiburg 2000

Kornfield, Jack: Jesus und Buddha, Kösel Verlag, München 1997

Küng, Hans: Christentum und Weltreligionen, Piper Verlag, München 1984

Leong, Kenneth S.: Jesus, der Zenlehrer, Herder Verlag, Freiburg 2000

Loth, Heinz-Jürgen u. a.: Christentum im Spiegel der Weltreligionen, Quell Verlag, Stuttgart 1978

Feministische Darstellungen

Kruse, Ingeborg: Mädchen, wach auf! Frauengeschichten aus dem Neuen Testament, Kreuz Verlag, Stuttgart 1989

Mulack, Christa: Jesus, der Gesalbte der Frauen, Kreuz Verlag, Stuttgart 1987

Wolff, Hanna: Jesus, der Mann, Radius Verlag, Stuttgart 1975

Bildbände

Lessing, Erich: Der Mann aus Galiläa, Herder Verlag, Freiburg 1971

Bibelanstalt Altenburg: Die ersten Jahrzehnte, 1983

Index

Meister der Spiritualität

Martin Maier
Oscar Romero
Meister der Spiritualität
Band 5072
Oscar Romero verkörpert die Einheit von Mystik und Poltik.
Sein Eintreten für die Armen, sein Engagement für Gerechtigkeit und
Menschenwürde ging bis zum Einsatz seines eigenen Lebens.

Stefan Kiechle
Ignatius von Loyola
Meister der Spiritualität
Band 5068
Ein Leben, dessen spirituelle Kraft noch heute viele Menschen motiviert
und sie zu Innehalten und Veränderung führt.

Annemarie Schimmel
Rumi
Meister der Spiritualität
Band 5093
Die wohl bedeutenste Rumi-Forscherin bietet eine hinreißende
Einführung in sein Leben, seine geistig-kulturellen Hintergründe,
seine poetische Mystik und seine spirituelle Welt.

Gregor Paul
Konfuzius
Meister der Spiritualität
Band 5069
Moralische Integrität, Menschlichkeit, glückliches und sinnvolles Leben:
Eine Einführung in sein Leben und seine Antworten auf Fragen, die uns
heute beschäftigen.

HERDER spektrum

Meisterdenker –

Susanne Möbuß
Sartre
Band 4880

Klaus Mainzer
Hawking
Band 4879

Patrick Gardiner
Kierkegaard
Band 4848

Wilhelm
Geerlings
Augustinus
Band 4765

Thomas
Buchheim
Aristoteles
Band 4764

Martin
Gessmann
Hegel
Band 4763

Klaus Fischer
Einstein
Band 4762

Michael Bordt
Platon
Band 4761

Vittorio Hösle/
Christian Illies
Darwin
Band 4760

Anthony Stevens
C. G. Jung
Band 4759

Tom Sorell
Descartes
Band 4756

Ernstpeter
Maurer
Luther
Band 4754

Anthony Kenny
**Thomas von
Aquin**
Band 4744

C. C. W. Taylor
Sokrates
Band 4743

Richard Tuck
Hobbes
Band 4742

Stillman Drake
Galilei
Band 4741

Michael Tanner
Nietzsche
Band 4740

A. C. Grayling
Wittgenstein
Band 4739

Roger Scruton
Kant
Band 4738

Anthony Storr
Freud
Band 4737

Michael Inwood
Heidegger
Band 4736

Robert Wokler
Rousseau
Band 4735

Iring Fetscher
Marx
Band 4728

Margot Fleischer
Schopenhauer
Band 4931

HERDER spektrum